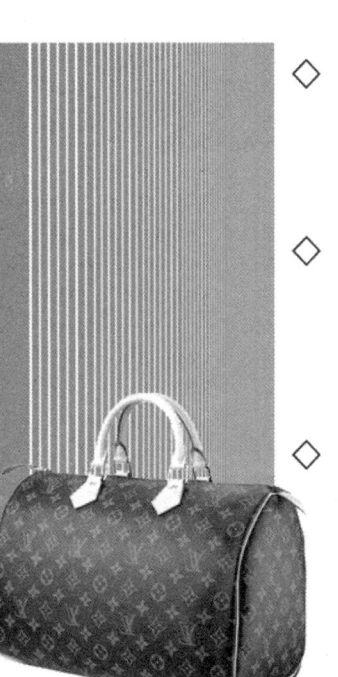

『和创造世界名牌的人一起放飞梦想』

路易·威登的传奇

luyi weideng de chuanqi

黄晓丽 ◆ 编著

吉林出版集团有限责任公司

图书在版编目（CIP）数据

路易·威登的传奇 / 黄晓丽编著. -- 长春：吉林出版集团有限责任公司，2013.11

（和创造世界名牌的人一起放飞梦想）

ISBN 978-7-5463-6967-9

Ⅰ.①路… Ⅱ.①黄… Ⅲ.①威登，L.（1821～1892）—生平事迹—青年读物②威登，L.（1821～1892）—生平事迹—少年读物 Ⅳ.①K835.655.38-49

中国版本图书馆CIP数据核字（2013）第269094号

路易·威登的传奇
LUYI·WEIDENG DE CHUANQI

编　　著：	黄晓丽
项目负责：	陈　曲
责任编辑：	陈　曲　潘　晶
出　　版：	吉林出版集团股份有限公司
发　　行：	吉林出版集团社科图书有限公司
电　　话：	0431-81629727
发　　行：	吉林出版集团社科图书有限公司
开　　本：	710mm×960mm 1/16
字　　数：	100千字
印　　张：	12
版　　次：	2014年3月第1版
印　　次：	2019年7月第2次印刷
书　　号：	ISBN 978-7-5463-6967-9
定　　价：	23.80元

如发现印装质量问题，影响阅读，请与出版方联系调换。0431-81629727

序 言
PREFACE

梦想与生命共存　传奇与我们同在

当你拥有这套《和创造世界名牌的人一起放飞梦想》系列丛书并真正读懂它的时候，祝贺你，你已经向成功又迈近了一大步，并可以为自己的人生勾画一张蓝图了。

开卷有益，我们不是猎奇，不是对世界名人和超级品牌的奇闻轶事简单地一声惊叹，而且通过阅读，让我们的视野变得更加开阔，让我们能够更好地认识这个世界，并找到适合自己的成功之路。

这是一套全方位满足你阅读愿望的好书，文字鲜活，引人入胜。这里有商界巨鳄的传奇创业故事，也有他们普通如你我的日常生活，当你随着一行行文字重走他们的人生之路时，你的心一定会在波澜起伏中感到一种快意。或许他们的成功不能复制，但是他们的坚韧、执着、宽容——这些成功的要素，我们可以复制。

通过阅读名人的成长故事，重温名人的创业之路，我们会发现，健全的人格、自由的意志、高远的理想、敢于实践的勇气、高瞻远瞩的见地、坚毅勇敢的性格、理性处世的原则、独立思考的习惯、幽默风趣的表达方式……一个人成功的诸多要素都以具体而形象的方式展现在你的面前。

每个人都有自己的生活轨迹，然而成功之路殊途同归，这一路上你的行囊里必须要装入梦想、希望、宽容和坚韧。

请给自己一个梦想吧！梦想是成功的种子，梦想是希望的支点。从这套书中你会发现，每一个了不起的品牌里都承载了品牌创始人那激越的梦想。是梦想，让他们充满激情，斗志昂扬；是梦想，在困境中带给他们希望，让他们有了坚持下去的勇气；是梦想，激励他们不断向前进！

为梦想不懈地努力吧！从这套书中你会明白，任何人的成功都不会一帆风顺，在鲜花和掌声的背后，有太多不为人知的痛苦。那些创业中的失败、徘徊和挫折，对我们来说更具有启迪的价值。真正的勇敢者，并不是无所畏惧，而是在面对挫折的时候，能及时调整自己，正视艰难困苦，不放弃希望。所谓成功，不过是努力的另一个名字罢了。

伟大的戏剧家莎士比亚曾说："一个最困苦、最卑贱、最为命运所屈辱的人，只要还抱有希望，便无所怨惧。"

生命只有一次，让我们在阅读中汲取无穷的力量吧！《和创造世界名牌的人一起放飞梦想》系列丛书会带你走进一个传奇世界，仔细阅读并把你的梦想付诸实践，你也许会成为下一个传奇。

带上我们的梦想启程，为我们璀璨夺目的人生而奋斗！

目 录
Content

前言 001

第一章　初识LV　001

　　第一节　名人路易·威登　003

　　第二节　名牌路易·威登　008

第二章　年少立志，勇敢寻梦　011

　　第一节　路易曾是哥哥　013

　　第二节　真正的早熟是自立　016

　　第三节　徒步跋涉，去巴黎寻梦　019

　　第四节　引路人马歇尔先生　021

第五节 年轻有为的行李打包工 024

第三章 充满诱惑的青年时光 027

第一节 智慧与勤奋并存 029
第二节 朋友的力量 032
第三节 金钱不是一切 034
第四节 为梦辞职 036
第五节 坠入爱河 039

第四章 坚实有力的中年步伐 045

第一节 巴黎市中心的第一家店铺 047
第二节 起步虽晚，技艺高超 051
第三节 创意源于生活 053
第四节 大胆革新，迎风起航 057
第五节 塞纳河畔的新厂房 061
第六节 与仿制赛跑 064

第五章 繁华鼎盛，否极泰来 067

第一节 紧跟时代潮流 069
第二节 第一块奖牌 074
第三节 运输鲜果的旅行箱 078
第四节 突如其来的灾难 080

第六章　第二次创业　083

第一节　重振山河，老当益壮　085
第二节　丰富多样的销售手段　089
第三节　父子并肩前行　091
第四节　柜式行李箱　094
第五节　首次广告，名噪一时　096
第六节　对手越来越高级　100
第七节　无形的广告"代言"　104

第七章　路易·威登的乔治时代　109

第一节　乔治与约瑟芬的相遇　111
第二节　出售路易·威登　116
第三节　远见创造财富　118
第四节　化悲痛为力量　120
第五节　乔治的梦想　122
第六节　父子之争　124

第八章　国际化发展道路　129

第一节　第一家国外分店　131
第二节　质疑与认可同在　139
第三节　路易·威登商标诞生　141
第四节　商人的节奏　144

第五节　世博情结　146

第九章　矛盾中绚丽前行　151

第一节　一场名字的战争　153
第二节　身份识别锁　155
第三节　箱柜创新　159
第四节　乔治的美国梦　161
第五节　员工保障　163

第十章　迈向新领域的乔治时代　165

第一节　路易的遗嘱　167
第二节　世界最著名的图案诞生　170
第三节　精益求精的新工艺　173
第四节　国外市场的艰难爬行　175
第五节　家族的荣耀　177

前 言
Introduction

　　LV是众所周知的世界名品，更是很多女士热衷和向往的奢侈品之一。知道LV这个牌子的人有很多，了解它的发展史及创始人路易·威登故事的人却很少。

　　路易·威登是LV的创始人，他是一个出生在贫穷家庭的孩子，从小在父亲伐木工具的陪伴下长大，由此对木工活产生了浓厚的兴趣和激情。由于家庭贫困，路易小时候读书识字不多，早在14岁就和众多贫困家庭的孩子一样，开始了打工生涯。从此，路易也开始了行李打包工的生命历程。

　　尽管路易·威登没有多少文化，但却是一个怀有远大理想的有志青年。在他有幸接触到皇宫优裕的生活条件后，并没有像其他人一样在这种生活中迷失自己，而是很快就从这种看似幸福的氛围中觉醒，找寻属于自己的生活。

　　路易·威登怀抱远大的理想，16岁那年就背井离乡、历经千辛万苦来到巴黎。在皇宫工作一段时间后，路易有了一些积蓄，于是，他迫不及待地离开皇宫，创办了属于自己的小作

坊。之后，他不断观察、思考社会的发展、变迁，结合自己的工作实际，设计并生产出符合时代潮流的产品，从而不断扩大自己的知名度和生意圈。

路易·威登的名气很快远播四方，人们像朝圣般蜂拥而至并购买他的产品，与此同时也招来了众多仿制商家。仿制品不但没有让他退缩，反而激发了他的思考和创新的热情，让他立志要设计出更加新鲜、更具生命力的产品，保持LV特有的创新精神和锐意进取的品质。

路易·威登为何能够在商业竞争如此激烈的情况下获得发展，为何能历经150多年的沧桑变幻却青春依旧？根源就在于他拥有永不消减的生命激情。

创新设计需要思想、需要文化，但对于这个没有文化的思考者来说这却不是难题。他为了弥补自己文化的不足，从自己的收入里拿出固定一部分资金，专门聘请家庭教师教授自己。在掌握一定文化后，他开始了永不停息的自学、研究，不论自己工作有多忙、多累，学习都是他生活中不变的一部分。正是由于有这样的生命激情，他的创新设计才有了源源不断的动力。

路易·威登50岁那年，巴黎经受了革命的洗礼，到处一片狼藉，就连路易·威登的工厂也变成了军队的住所。一切都被摧毁了，在这种情况下，很多人都被空前的灾难吓倒了，但路易·威登却表现出了坚强的意志。他不仅没有慨叹命运的不公，而且顽强地与命运较量，重拾希望，重新上路，开始了自己人生中的第二次创业。正因为他拥有永不消减的生命激情和创新精神，才让路易·威登这个商业品牌获得了生机、获得了生命。

今天，很多人热衷于购买路易·威登的产品，以有资本使用他的产品而感到骄傲自豪，甚至以拥有路易·威登的产品作为一种身份象征。

青少年朋友，我们可以走进路易·威登的人生旅程中，去找寻一些利于我们成长需要的精神元素，学习路易·威登坚韧不拔、勤奋刻苦的精神品质，并用这些精神品质来指导自己的人生。

有理想、执着、创新、锐意进取、富于创造等是路易·威登所拥有的非常可贵的品质，他能够坦然面对生命中的各种困难、挫折，并在这些挫折面前越战越勇。他能够把挫折看成生命中一次又一次的发展机遇，能够站在挫折之上审视人生、善待命运，而不是徘徊、低头、屈服。这不是任何人在任何时候都能拥有的可贵品质，正因为他有永不停息的生命激情，才创造了如此伟大的商业帝国。

每个人都应该像路易·威登那样，保持永不消减的生命激情，才能在一次次挫折中站起来，继续前行，创造奇迹，彰显生命本色。

Louis Vuitton

第一章　初识LV

■ 第一节　名人路易·威登

■ 第二节　名牌路易·威登

Louis Vuitton

第一节　名人路易·威登

> 不管哪个时代,能量之所以能够带来奇迹,主要源于一股活力,而活力的核心元素乃是意志。不管何处,活力皆是所谓"人格气力"的原动力,也是让一切伟大步履得以持续的气力。
>
> ——史迈尔斯

1821年8月5日,路易·威登出生在法国的一个小村庄,路易的父亲是法国的一位伐木工人。由于家境贫困,父母没钱给他买玩具,父亲伐木用的刨子和凿子等工具则成了路易·威登童年最主要的玩具。路易从小就玩这些伐木工具,并且在父亲的影响下很早就接触了木工活,渐渐地对木工活儿产生了浓厚的兴趣。

1835年,年仅14岁的路易只身一人去巴黎追寻自己的梦想。因为他付不起昂贵的车费,于是选择以徒步的方式去400多公里以外的巴黎,并一路上靠打零工维持生计。

在这条艰难的路上,路易慢慢地坚定了自己的伟大梦想,那就是在巴黎开一间自己的小店,拥有令人羡慕的商品。

为了实现这个梦想，他不怕苦也不怕累，在巴黎的一家行李箱作坊做了很长时间的学徒。

1852年，路易由于一个偶然的机会，专门为法国皇室服务，成为欧仁妮皇后的御用捆衣工（将一件件衣服捆在一起打包，技术好的不但捆的体积小，而且衣服也不会太皱），专门为欧仁妮皇后提供捆衣服务，从此涉足上流社会。当时，拿破仑三世登基，法国版图迅速扩大，作为皇后的欧仁妮对旅游产生了浓厚的兴趣，这就需要有人打点行李。路易凭借自己高超的技艺，把皇后的衣装巧妙地装在旅行箱内，这让皇后非常满意，因此，路易得到了皇后的赞赏和奖励。1853年，路易赢得了欧仁妮皇后的特殊信任。

开始的时候，路易非常憧憬皇宫优裕的生活，也似乎陶醉于为这些人服务的生活。但是不久后，他发现自己开始厌倦这种无忧无虑、没有创造性的生活。经过慎重考虑和权衡，终于在1854年，他果断地辞去了很多人梦寐以求的宫廷工作，开始了自己人生旅程中最重要的一次蜕变。

当时，交通工具的革命正热火朝天地进行着，火车成为新兴的交通工具，乘坐火车旅行成为人们最时尚而高档的选择，令人苦恼的是长途旅行常把旅客的衣服弄得皱巴巴的，与身份和心情极不相称，而且穿着失去了美感。再者就是行李包在火车的颠簸中一次次摔倒，很容易摔坏。

路易敏锐地观察到了旅行者们的这些苦恼，并意识到这是一个施展自己才华的好机会，只要自己设计恰当，就能很好地改变这个现状，帮助更多的人消除旅行烦恼。经过思考、设计和对自己人生的规划，他开始了这样的尝试并取得了成功。

1854年，路易在巴黎创办了第一间皮具店，同时，他革命性地用"Trianongrey"帆布制成了平顶皮衣箱，这个箱子是他专门为旅行者们设计的。路易制作的这种平顶箱很快就流行起来，成为巴黎上流社会贵族们出行、旅行必备的物品。他的箱子由于便于携带、造型美观大方、色彩典雅协调，甚至得到了欧仁妮皇后的赏识，且发誓从此只从路易那里订做首饰匣子。

从此，路易走上了商业道路，开始成立自己的公司，不断扩大自己的工厂，不断开设分公司，拓展自己的业务。埃及国王订做了保存水果的柳条箱子，此后，俄国沙皇尼古拉二世、印度许多土邦主、西班牙国王阿尔方斯七世等王族都到路易的店里订货，这些王族的青睐也强化了路易产品的贵族品质。

路易·威登经过4年的艰苦创业，因其设计出了符合大众消费理念和生活的急需品，同时产品质量好，很快就获得了社会的认可，出现了供不应求的局面。

随着销量的不断攀升，原来的店面越来越不适应公司的发展。于是，路易在1858年开始扩大了皮具店规模，在巴黎近郊设立了第一间工厂。这段时期，路易在生产过程中的设计更注重于解决旅行者们的实际问题，在以实用的设计理念为基础的前提下，兼顾时尚和专业化理念，并把这几个方面进行了完美的融合、深化，打造出拥有高端价值的品牌。

1871年，路易·威登在巴黎繁华的Scribe大道上开设了一家新店。1881年，由于人们在英吉利海峡底下开挖隧道，法国与英国的交往前景可观，路易立誓争做首个在英国登陆的企业。4年后，也就是1885年，路易·威登的第一家分店就在伦敦的市中心开张了。

公司的一系列发展为产品的创新提供了更为坚实的经济基础和广阔的视野，1889年，坚硬旅行箱诞生了。这是路易·威登品牌的经典产品，它适应长途旅行的颠簸，带给旅行者最需要的安心与舒适。

1890年，路易·威登有了一个伟大的创新，使他的皮箱又达到一个新水平。路易发明并制造了配有"5-tumbler"锁扣的皮箱，这种箱子的特点是只要用一把钥匙就可以打开该客户本人所有的路易·威登皮箱，避免了行李多的旅行者带一大堆钥匙的麻烦，这成为路易一生最大的骄傲。

由于路易的产品销路好，设计美观，符合大众消费心理，就在路易·威登逐渐树立品牌形象的时候，他遭到了贪婪的仿制者对他品牌仿制的难题，很多厂家也纷纷来仿制他的产品，甚至他的朋友也加入到了仿制行列。但这一切并没有让他感到消沉，在一阵苦恼之后，他迸发出了更为强大的创造力，让模仿者永远都赶不上他前进的步伐。

路易不断壮大自己的公司，也在不断地展开反仿制之战，而路易的公司正是在这些仿制品的竞争中，不断设计出更先进的产品，让跟风者永远都处于仿制地位。

当然，为了防止别人盗取自己的劳动成果，路易于1896年第一次在Monogram帆布包上印制了带有"LV"字样的独特商标。从此，"LV"作为品牌象征注入人们的观念，也成为著名的品牌深入人心。面对仿制品，路易虽然就此提起诉讼，但并没有制止冒牌货的泛滥。倒是儿子乔治解决了这一困扰大家已久的问题，发明了一种别人无法模仿的新帆布。后来，乔治又发明了一种图案独特的交织布，一直到现在仍然在用，成为"LV"独特品质的象征。

1892年，路易·威登去世，儿子乔治接过接力棒，把高档箱包推上了另外一个新的高度，建立了高档箱包帝国。19世纪末至20世纪初，乔治在纽约开办了分店，好莱坞明星和美国上流社会名媛都把路易·威登箱包视为珍品，更作为一种身份的象征。

现在，世界各地的许多大明星都青睐"LV"独特的品质，甚至很多大明星还专程到巴黎购买箱包，以显示自己的身份。如今，各种用途的箱包也纷纷问世，"LV"也越来越精致，使用"LV"已经成为一种身份的象征。

超过一个半世纪过去了，印有"LV"这一独特图案的交织字母帆布包，伴随着丰富的传奇色彩和典雅的设计而成为时尚经典。100多年来，随着经济的发展、社会的变迁，人们的追求和审美观念也随之而改变，但人们对路易·威登的喜爱依然不减当年，而路易·威登至今也保持着无与伦比的魅力。帆布、格纹、LV图案——100年前的路易·威登有着这样一张脸，100年后的路易·威登仍旧如此。"字母组合帆布"是LV

路易·威登的第一张面孔，也是它永恒的特征和品质。

第二节　名牌路易·威登

> 一次季度盈利可以是侥幸，连续两次可以是巧合，但是连续三次就是一种趋势。
> ——特里·塞梅尔

Louis Vuitton公司成立于1854年，生产著名的"LV"帆布包，是著名的奢侈品牌，该公司现隶属于法国专产高级奢华用品的Moet Hennessy Louis Vuitton集团，简称LV集团。

路易·威登是法国历史上最杰出的皮件设计大师之一，14岁那年他徒步来到巴黎寻梦，到达巴黎后就开始了学徒生涯，在学习过程中提高了设计水平，于1854年在巴黎开了以自己名字命名的第一间皮箱店，从此，他开始了自己的设计生涯和商业之旅。一个世纪之后，路易·威登成为皮箱与皮件领域数一数二的品牌，并且成为上流社会的一个象征物。

经过不断发展，LV从早期的路易·威登衣箱发展到现在巴黎T台上的LV时装、珠宝、饰品等，LV开拓了越来越广阔的时尚消费品市场。LV产品已不限于设计和出售高档皮具和箱包，而是融时装、饰物、皮鞋、箱包、珠宝、手表、传媒、名

酒等众多领域于一体，成为当今时代潮流的风向标。

目前，LV集团已拥有超过50个世界品牌的产品，包括法国服饰品牌纪梵希、意大利皮革品牌芬迪、瑞士高档手表品牌豪雅、化妆品品牌丝芙兰等奢侈品行业的世界顶级产品。

LV越昂贵却越畅销越为人们所期盼，世界明星、富豪们以成为忠诚的LV消费者而洋洋得意。商人们、经济学家们纷纷把目光投向LV，想要探寻其中的奥秘。人们惊奇地发现，LV之所以能一直屹立于国际时尚行业顶端，傲居奢侈品牌之列，在于其自身的特色和独有的贵族品质。

LV延续了其创始人路易·威登追求品质、精益求精的商业个性。不仅如此，每一代LV传人都在精益求精的基础上，为其品牌不断注入新的内涵和活力。比如第二代传人乔治·威登为品牌开拓了国际视野，第三代传人卡斯顿·威登又为品牌带来了热爱艺术、注重创意和创新的特色……到目前为止，LV已历经六代各具特色的掌门人，威登家族的六代人为其品牌的发展和创新增添了自己对奢侈品的独特理解与诠释。如今，LV的掌门人是第六代传人帕特里克·威登。

LV公司目前拥有14个作坊，其中11个在法国境内，另外两个在西班牙的加泰罗西亚和美国的加利福尼亚。公司制作箱包的能工巧匠共有1.36万人，每个包80%的制作都是手工活儿，所以每个包都融入了设计师及制作者本人的手法与个性，因此每一款包都是独一无二的，而这一点恰恰迎合了众多明星、富豪及贵族们的消费追求。

1996年，LV加盟LVMH集团，极大地拓展了商业活动空间。从此，LV以更为宽广的视野进行商业活动，并逐渐开始涉足时装、钟表、珠宝等领域，仅LV一家的经营活动就占了这个集团业务总量的70%。

公司后来延伸出来的皮件、丝巾、手表、笔，甚至服装等产品，都是以路易·威登（Louis Vuitton）这个名字来命名的。此时，路易·威登已经成为一个国际响亮的品牌，精致、高品质、舒适的"旅行哲学"则成为其独有的特征，成为旅行用品最精致的象征。现在，路易·威登（Louis Vuitton）这个名字现已传遍欧洲，走向世界。

Louis Vuitton

第二章　年少立志，勇敢寻梦

■ 第一节　路易曾是哥哥

■ 第二节　真正的早熟是自立

■ 第三节　徒步跋涉，去巴黎寻梦

■ 第四节　引路人马歇尔先生

■ 第五节　年轻有为的行李打包工

Louis Vuitton

第一节　路易曾是哥哥

> 在天才和勤奋两者之间，我毫不迟疑地选择勤奋，她是几乎世界上一切成就的催产婆。
>
> ——爱因斯坦

19世纪20年代，在法国汝拉山脉的一个名为安切的小村庄里，住着一对年轻的夫妇，夫妇二人经营着磨坊，以此维持生计。

丈夫是安切地区的碾磨工，夫妻二人过着日出而作日落而息的安定生活。威登家4代人，有十几个家庭在这个村庄里生活。碾磨工需要用独特的经验和技术处理谷物，同时还要有经商理财的能力。对于碾磨工来说，令他们担忧的并不是工作，而是生存的压力。

1817年，妻子生下一个可爱的男孩，两夫妇给孩子取名叫路易·威登。然而，孩子身体很虚弱，经常生病，加上夫妇俩刚当父母没经验，孩子不满一周岁的时候就离开了这个世界。

路易·威登的离世给这个贫穷的家庭带来了更多的悲凉，夫妇俩对孩子的离世也非常自责，他们十分悲伤，但生活还得继续，不能总是这样悲伤、自责，他们需要重新面对生活。

夫妇俩用了3年多的时间才走出丧子的阴影，他们鼓起勇气再要一个孩子，希望这个家庭能够完整。4年之后，28岁的妻子又怀孕了，幸福再次降临到这个家庭。

1821年8月4日，孕满待产的妻子肚子隐隐作痛，她确定自己要生了，于是请了两位有经验的妇女来帮忙，丈夫焦急地在磨坊外等待新生命的到来。5日凌晨3点，在他们居住的磨坊里，一个健康的小男孩出生了。当母亲抱起这个孩子的时候，她相信这个孩子能活下去。因为婴儿身体很健壮，小脸蛋红扑扑的，好像充满了活力，这让他们看到了希望。

妻子和丈夫商量，第一个孩子没能养大，不如就让小儿子用哥哥的名字，以纪念那个过早离开人世的孩子。于是，孩子被父母取名为路易·威登，但是，这不仅仅是一个名字的继承，更代表一个孩子的新生，他会让全家开启新的生活，忘记过去，并给这个家庭带来更多的希望。

路易·威登出生的年代，正值法国经济的萧条时期，经济发展缓慢，人们生活困难。尽管路易的父母生活清贫艰苦，但看到孩子的健康成长，一家人却也其乐融融、幸福快乐地生活着。

十年间，弗朗索瓦·格扎维埃夫妇共生育了4个孩子，他们都在磨坊里长大。和村庄里所有的孩子一样，4个孩子在磨坊脚下安仕龙河畔的嬉戏中度过了愉快的童年。因为学校太远，学费太贵，路易没能去上学，而是闲散在家，时常到磨坊去做一些帮工。当厌倦了女孩儿们的游戏时，他就自己跑到磨坊去看父亲干活。此时，对路易而言，吸引他的是木工活而并不是磨坊里的工作。

磨坊一年之中只有收获后的那几个月是忙碌的，在其余的时间里，磨坊工人们必须找到其他的活儿以维持生计，比如利用磨坊的水轮锯木头、到山上去伐木等。因此，路易总是等候在父亲的身边，有时也给父亲做做帮手，而父亲总是在休息的时候传授他木工手艺。父亲告诉他每种木头的特性以及这些木头的使用价值和耐用性，同时父亲还教路易怎样才能把一块木头锯成木板并用刨子打磨光滑，然后用什么样的技术将这些零散的木头组合起来。

怀着对工作的热情，心灵手巧的路易很快就掌握了全部要领。尽管当时他只有10岁，但父亲的磨坊已经让他勾勒出了自己的未来，他已经掌握了不少木工技术。

第二节　真正的早熟是自立

不要怀有渺小的梦想，它们无法打动人心。

——歌德

因为家境比较贫寒，作为家中长子的路易很小就体会到了生存的艰辛，他也较早地成熟了起来，懂得为父母分忧。路易身体壮实，相貌堂堂，干练而沉稳。他为了帮助家里减轻生活负担，放弃了上学的机会，到父亲的磨坊里帮助工作，从此开始了自己的创业之旅。

小路易一边到父亲的磨坊去帮忙，一边还要照看他的弟弟妹妹，并且还要照料家里的几头牛，这是他的主要工作。现在，路易已经长大成人，家庭需要他像一个男子汉一样为父母分忧，共同撑起这个家。

尽管生活比较贫困，但是一家人其乐融融，家庭生活还是非常幸福的。可这样的幸福并没有维持多久，路易并没有享受到多少母爱，因为他的生活随着母亲的离世而发生了改变。

1831年2月16日，母亲在生下第4个女儿后发生意外去世了，母亲的去世彻底改变了小路易的生活。当时路易才10岁，父亲38岁，这意味着他要和父亲一起撑起这个家，显然，这是非常困难的，一个男人要独自抚养这些孩子的难处是可以想象的，道德风俗以及生活本身的需要让他决定再婚，以减轻自己的家庭负担。1832年1月16日，在妻子去世刚满11个月的时候，他与寡妇玛丽·科洛内·罗歇再婚。生活恢复了应有的节奏，这个家庭入不敷出的情况暂时得到缓解，但这并没有给路易带来好的生活，相反，他与继母开始了"艰难"相处的生活。

不久，继母生下了自己的亲生儿子，而她对路易也更加冷漠了。更让人想不到的是，继母陆续生下了3个体质虚弱的男孩。但是这3个孩子都在年幼时夭折了，唯有1837年出生的孩子活了下来。这样，家庭生活的负担则自然转移到身为大哥的路易身上，因为，他是家中唯一的男孩。

为了尊重父亲，也为了让几个妹妹们过得更快乐，路易忍受着继母对自己的冷漠态度，并一直默默地帮助继母，这是他唯一能够做的。不管继母对他的态度如何，他都必须选择忍耐、支持、帮助她，除此以外他别无选择。

随着路易年龄的不断增长，他开始无法忍受继母的冷漠态度，路易与继母之间的矛盾也日益明显，他反抗的意识也越来越强烈。继母并不认为是自己的错，反而认为"路易并不好相处，他总是不能容忍新出生的婴儿，他总有一天会离开家乡"。路易觉得这样的生活毫无意义，他不想继续过与继母"斗争"的日子，他想离开这个家。

此时，和路易儿时一起玩耍的伙伴们都选择了外出打工，到隆勒索涅或者是多勒去实现自己的梦想。经过思考，路易决定离开家乡，去看看外面的世界。深思熟虑之后，路易鼓起勇气，跟父亲说出了自己要离开家乡前往巴黎的想法，他认为巴黎才是他人生的舞台，这是当时路易脑海中唯一的念头。

当时，巴黎是法国经济和社会的中心，是皇室成员的所在地，也是艺术家和富裕的中产阶级的集中地。巴黎商业发达，吸引了一些生活在缺乏工作机会的城镇中的外省人以及准备去冒险的人们。就像现在的人们，都希望去北京发展一样，因为那里的发展机会很多。

对于从未离开过磨坊的路易来讲，他没有文化、没有知识，要去巴黎打拼，想在巴黎立足，需要多么大的勇气。但是，父亲支持他的理想，同意他出去寻找自己的人生。后来，历史学家吉内维耶·马蒂斯·蓬这样评价路易："年轻的威登，这个碾磨工的儿子，目不识丁，但他对自己的手艺充满信心。"

第三节　徒步跋涉，去巴黎寻梦

> 人的勇气能承担一切重负；人的耐心能忍受绝大部分痛苦。
>
> ——塞缪尔·约翰逊

路易·威登是一位相貌英俊、风度翩翩的小伙子，他眼神清澈，倔强的卷发垂在额前，宽阔的肩膀告诉人们他有一个强壮的身体，但无人能从外表看得出他还有一双灵巧的手和果断的性格、严谨的思维。

1835年，当路易14岁时，为了结束与继母之间的斗争，他选择了外出，准备前往巴黎寻找自己的梦想。当时，路易口袋中只有几法郎，脚上穿着一双包铁皮的鞋，带着在家庭作坊中学会的手艺以及包裹里的两三件衣服，踏上了前往巴黎的旅程，开始了人生的新篇章。

14岁的路易身无分文、背井离乡、目不识丁，而他那股被艰苦生活所磨砺的永不服输的"蛮劲"是他唯一的财富。

但是，从隆勒索涅到巴黎有400公里，按照今天的客车速度计算，也就大半天的时间就可以到达。当时可以乘马车或者乘坐火车，马车每小时大约行驶12公里，需要4天才能到达，

但马车费用很高，路易不敢奢望。即使乘坐火车也需要12法郎，这同样让路易捉襟见肘。路易唯一能做的就是步行，用脚丈量400公里路程，用脚丈量自己与梦想的距离。

怀抱梦想的小路易一点都不害怕，他充满了希望。在路途中，路易有时候会看到马车，这种情形总是令路易梦想自己正坐在马车夫的旁边。几乎所有的穷人都没有钱负担车费，路易并不是唯一徒步旅行的人，与他同行的有学徒、朝圣者、商人、流动商贩，还有马、驴以及各种各样牲口拉的车和形形色色的流浪者。路易将行李捆绑在木棍上，每天跟着人群前行。

行走在灰尘滚滚的道路上，路易已经疲惫不堪，更重要的是他每天晚上还要为餐宿问题担忧。但这一切对于一个有梦想的青年来说，根本算不上什么难题。旅途的疲劳与艰辛，路易从来没有担心过。他每天唯一考虑的就是如何解决食宿问题并且加快前进的步伐，其余的一切都没有在路易的思考范围之内。

刚踏上旅程的时候，路易很想念他的父亲，毕竟，这是他第一次离家远行，第一次离开父亲。每当夜深人静的时候，他就非常想家，想念自己的父亲和家人。随着旅途的艰辛不断加剧，他渐渐开始没精力和时间想家，而是要想方设法地解决餐宿问题了。在旅途中与同伴之间产生的友谊，使他很快就忘记了父亲，忘记了家乡，自己也很快融入到新生活中去。

路易沿着铁轨走，路上靠打零工填饱肚子，如喂马和当伙头工。慢慢地，他发现有比磨坊和木工活更有趣的事情。当

听说有人招人手砍伐森林和整理灌木丛的时候，他毫不犹豫地报名参加了。他可以利用这些机会打点零工，赚点生活费用，更重要的是，这是一个了解其他地区的森林特性的机会，借此丰富自己对栗树、野樱桃树、千金榆以及杨树等树木木质的了解。

对于路易来说他并不急于前往巴黎，在前往巴黎的路上他不断地学习、工作、赚钱，这些特殊的经历丰富了他的人生阅历，后来这些积累在他制造箱子时都派上了用场，让他工作起来如鱼得水。

第四节　引路人马歇尔先生

> 永远以积极乐观的心态去拓展自己和身外的世界。
>
> ——曾宪梓

1837年9月，路易经过长达2年的颠簸，他终于到达巴黎走进了这个他梦寐以求的时代舞台。从此，16岁的路易·威登就在这个既熟悉又陌生的地方开始了自己的新生活，并把自己的一生奉献在了这里。

路易终于能够在巴黎生活，在这里学习各种自己需要学习

的东西，在这里浸润文化，在这块梦想的土地上自由呼吸，寻找自己的人生舞台。尽管，这一切对他来说还很遥远。

初来乍到的路易·威登用好奇的双眼打量着眼前这个车水马龙、迎来送往的名利场，并为眼前的满目繁华所倾倒，他不知道这个地方会给自己的生活带来什么样的变化。现在，路易要先解决最基本的生存问题，有生存才会有发展，这就是当时路易的目标。因此，他要做的就是找工作、挣钱、吃饭、睡觉。

当时，路易只有16岁，年轻气盛，他唯一的优势就是接受新事物的能力强。路易没有读过多少书，但他很了解木料，他去各个作坊寻找机会。没多久，路易凭着自己的经验找到了一份工作，他很喜爱和珍惜这份工作。

1837年秋天，路易遇见了马歇尔先生，一个改变他命运的重要人物。马歇尔答应给路易提供一份工作，待遇是一张可以晚上用来睡觉的工作台和塞满刨花的枕头，还包括一日两餐。马歇尔向路易保证，如果他可以胜任这份工作，很快便有提升的机会。尽管条件很苛刻，但是对于路易来讲，吃饭和睡觉的问题可以得到解决就已经足够了。至于赚钱，以后再说，所以路易毫不犹豫地接受了。

路易的工作很简单，就是每天在作坊里仔细丈量木箱尺寸、锯刨木头以及不断调整箱子大小，同时还要陪老板到客户那里量尺寸。路易每天要工作15个小时，尽管工作时间长，工作也很累，但巴黎的新生活对他来说有着巨大的诱惑力。就这样，路易每日奔波在作坊与客户之间，忙得应接不暇，偶尔才会有难得的休闲时间。

路易非常珍惜自己的这份工作，在认真工作的同时，他也在默默地学习技术。经过2年的作坊工作，路易很快就练就了一身本领，成为马歇尔作坊的高级技师。当时马歇尔先生的作坊以制作木箱和提供行李打包服务而闻名，路易跟着马歇尔先生学习箱包制作技术与行李打包手艺。没过几年，路易凭借着出色的手艺以及吃苦耐劳的精神，成为马歇尔先生最得意的弟子，而他一干就是16年。

路易很满意自己的工作，不论工作有多么辛苦，他从来没有抱怨过什么。因为，他知道自己离乡背井地来到这个陌生的大城市，除了努力工作他别无选择，否则，自己只能滚回老家去。

从1840年开始，商业发展越来越繁荣，而工人阶层生活却越来越贫困。到了1847年，干旱造成了农作物大面积减产，经济危机造成了通货膨胀，物价上涨，工厂倒闭，失业率上升。同时，投机倒把愈演愈烈，特别是在铁路建设上，工人阶层饱受停工之苦以及失业的困扰。

这时，法国大革命爆发了，工人阶级由于不满意自身受到的待遇而纷纷举行罢工。但路易·威登的想法却有别于一般工人，他与老板相处得很融洽，甚至认为他们之间的交往是平等的。他不觉得生活痛苦，更不觉得自己的生活有什么不好，相反，路易觉得他的工作很有意思，待遇也很合理。另外，马歇尔先生很信任路易，像对待自己的儿子一样对待他。路易从来就没有萌发过要离开马歇尔的念头，他觉得自己很幸运，对目前的工作和生活也非常满意。

路易从马歇尔那里学到了自己喜欢的木工活，还学到了商业与经营管理知识。他学会整理最漂亮的裙子、最夸张的帽子以及在他看来最昂贵的衣服；他还接收来自各地的订单，然后想尽办法满足客户们各种各样古怪的要求，设计令顾客喜欢的行李箱。他每天忙着学习这些技术，总是尽心尽力地做好自己的手头工作。

第五节 年轻有为的行李打包工

> 成为一个成功者最重要的前提，就是天天精神抖擞地努力工作，不虚掷光阴。
>
> ——威廉·戴恩

19世纪，随着经济的不断发展和中产阶级消费观的不断改变，加上新的交通工具给人们提供了出行的条件，于是，外出旅游不断涌现，人们都想出去看看自己生活地方之外的风土人情。

此时，一个新兴的职业正在悄悄兴起，也是一个很容易被人忽视的职业，那就是行李打包工。但也有极少数人在关注着这个职业所带来的经济变化，路易就是其中一个。

当时，马、马车等代步工具无法保证物品在旅途中完好无损，加之贵族们在长途旅行中喜欢携带大量的信笺、衣物、靴子、香水、葡萄酒甚至就餐的盘子等。于是，如何在有限的行李空间内恰当地安排每件物品，就成了行李打包工的任务。这个职业也随着人们的外出热情的提升而快速地发展起来。

当时，"行李打包工"是一个时髦的新词，这份工作的内容是整理各种各样外出携带的物品并打包装箱。玛丽·艾美丽王后和路易·菲利普国王时期，裙撑开始出现。当时，女士的衣服流行裙褶和荷叶边大摆，为了使裙子看起来更蓬松，有时候需要穿6件衬裙，而最有效的裙撑是用亚麻和马毛制成的。贵族们的每件裙子都需要单独打包，行李打包工需要有高超的技术才能打理好行李，在有限的空间里放下尽可能多的衣服，而且还要保证这些衣服不被弄皱变形。

人们常常在旅行时才会使用箱子，然后请专业的行李打包工（简称捆衣工）为他们收拾衣服，打包装箱。另外，大多数裁缝也需要雇用专业捆衣工把大量的衣服放在木箱中运送到客户手里。所以路易凭借着自己精湛的手艺赢得了许多客户。

当时，不论是什么样的物品，只要有运输，就需要找行李装箱工帮忙。行李箱是用钉子和金属薄片把木板钉起来制成的。同箱身一样，箱盖也需要选用平滑的木板为材料。木箱的制造过程很精细：首先要准确地测量尺寸，将木板刨光滑，用

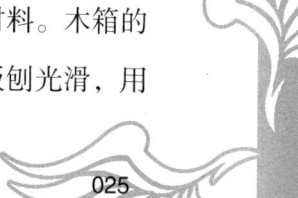

钉子钉起来，再用圆规准确定尺寸，接着固定封底，然后做好箱盖，最后把箱子内壁铺上讲究的内衬。有时候，还得在箱子上加上铁链或锁。一般情况下，为了更好地服务顾客，制造行李箱之前，木工会首先上门量好尺寸，倾听客户要求，并按照客户的要求进行量身打造。

对于箱包设计者而言，最困难也最能体现设计水平和制造工艺的就是如何把箱子设计得既结实又轻便，不仅要保证物品不易受损，还要降低运费成本，便于携带，同时也要易于开箱拆包。随着出行次数和人数的增加，人们对箱包需求越来越多，于是制作箱包的作坊应运而生，马歇尔的作坊就是这样一个箱包作坊，而且是巴黎一家有名的箱子店铺，每天都要制造出十几个白木箱子，而这些箱子大部分出售给经常乘坐马车或是火车出行的贵族和中产阶级。

由于马歇尔非常关注箱包市场的动向，于是，路易很自然地介入了这个行业，他凭着自己的勤奋和聪慧在马歇尔先生那里很快学会了各种木箱制作和捆包衣裙的手艺，并且获得了非常好的口碑，很多贵族出行都来请路易给她们打点行李。

Louis Vuitton

第三章　充满诱惑的青年时光

■ 第一节　智慧与勤奋并存
■ 第二节　朋友的力量
■ 第三节　金钱不是一切
■ 第四节　为梦辞职
■ 第五节　坠入爱河

Louis Vuitton

第一节 智慧与勤奋并存

> 路易与生俱来被赋予的非凡的智慧，让他在工作中投入了无限创意，在这个行业（行李打包）中他逐渐变得出类拔萃。
>
> ——乔治·威登

1842年后，人们不再对铁路交通感到惊讶了，普通人也开始接受这个新鲜事物。最初，铁路铺设的线路仅仅是从凡尔赛宫通到圣日耳曼，1843年延伸到胡昂和奥尔良，1849年铁路已经可以通往索镇、托奈尔和莫城。国际列车的出现使人们可以乘火车从巴黎到布鲁塞尔、从斯特拉斯堡到巴塞尔。铁路交通已经成为人们日常生活中的一部分。因此，休闲旅游也慢慢在中产阶层普及起来。

19世纪50年代，法国西部和北部的铁路公司开始推出旅游列车，简而言之就是旅客们必须提前决定出发的时间和回程的时间。因此，人们可以随意出行做任何活动，比如远足、郊游。铁路交通越来越准时而且安全，人们出行的机会越来越多，一年四季都有很多的旅客乘坐火车出行。

路易也不乏这样的机会，他常在节日里从圣拉扎尔车站出发乘坐当日往返的列车出行，他感觉这是一件很惬意的事。有时他也会在周末远足出游两三日，或是彻底休息一段时间。在站台上，他常听到人们谈论箱包运输的种种问题。路易·威登得知行李运输的价格并不便宜。箱子很重，而裙撑和帽子都无法装在简单的旅行箱包里。路易觉得这些问题应该都有办法解决，所以他开始了箱包探索之路，并找到了越来越多的可行办法来满足人们的需求。

不久后，无论是有钱人，还是一般的中产阶级都感到火车过于拥挤。德鲁埃是这样描述她与维克多·雨果的一次旅行体验的："在豪华车厢里，旅客们抱怨行李运输的价格过高，特别是对免费行李的规定过于苛刻。一般旅客只能携带10公斤的免费行李，豪华车厢旅客也只可以携带15公斤。"这些，路易都看在眼里，也把这些都牢牢地记在心里，尽管他很想用笔记下来，可是他不识字。于是，路易下定决心要学习、要认识更多的字、要自己写文字。

路易决定要读书，因为，现在的路易已经意识到如果不读书，自己将无法进入设计最前沿，无法跟随时代的步伐，更不能引领时代的发展。读书，是改变这一切唯一的办法，如果不提高自己的文化，不打开自己的思路和视野，自己就无法在设计领域做出巨大的成绩。

于是，路易用存下来的钱去请教师教自己读书认字。他请了一名家庭教师专门传授他文化知识，而他也利用休息时间刻苦读书。尽管工作很累，但他意志坚强，自己认定的事情就会坚持到底。从此，路易的生活除工作之外，就是不停地学习文化知识。此时的路易，头脑中已经勾画出自己未来的人生，已经有了一个明晰的目标，他要发明一种方便人们旅行时用的箱子。

几个月后，路易的笔记本上爬满了密密麻麻并逐渐规整的文字。这些文字，见证了路易文化知识水平的提高，也为后来他创立箱包工厂奠定了基础。

与此同时，路易还从马歇尔的客人那里了解到海峡对岸的新鲜事物。他不断地倾听、谈论、了解、积累，他急切地想知道世界各地各个领域的发展情况。因为，这些新事物的出现，不仅可以拓展视野，更携带着大量的创造机遇，路易将这些都记在心里。

路易还会去拜访位于巴黎黎塞留街上的知名呢绒商店，这里的布料和丝质披肩极受顾客青睐。在这里，众多的女士服装经营商可以找到他们所需的丝绸和纱绸，路易也认识了各种材质的布料。

这段经历，对路易来说非常宝贵。

第二节　朋友的力量

> 对一个人来说，所期望的不是别的，而仅仅是他能全力以赴和献身于一种美好事业。
>
> ——爱因斯坦

1848年秋天，法兰西第二共和国总统的选举开始，当时只有名流贵族才有投票权。路易·威登只是观望，他没有投票的权利。可路易对旅行动态更感兴趣，特别是旅行者出行携带的行李箱，他要制造出令人满意的箱子，这是当时他唯一的想法，也是他很早就开始思考的问题。

同年11月，路易结识了一名叫弗朗索瓦·戈雅的行李工。这位年轻人在20岁生日那天取得了行李打包工的执照，并获得了在位于圣托诺雷大街347号的莫莱尔作坊工作的机会。年轻的戈雅感觉很自豪，他父亲和莫莱尔有生意上的往来，他从父亲那里学到了对木料、木箱包装和处理的方法，而他本人非常热爱这份工作，也非常关心服饰动态。

从此，路易经常和戈雅一起讨论旅行，他们编织着各自制造箱子的梦想以及对英国的憧憬，因为那里是旅行和箱包的发源地。

路易还在这里结识了另一位年轻的英国人查尔斯·弗雷德里·沃斯，查尔斯·弗雷德里·沃斯在伦敦完成了会计和纺织专业的学习后，来到巴黎工作。路易和查尔斯·弗雷德里的性格截然不同，前者谨慎稳重，后者热情奔放，前者是蓝领，而后者是白领。但是两个人在设计上的热衷度和要求以及对于创造的天赋却是一样的。

沃斯为妻子玛丽·韦尔内设计了几款裙摆朝后的裙装，显得玛丽的身姿挺拔秀丽。沃斯灵机一动，让玛丽在加热兰衣料店里把这些裙装展示给客人，喜欢的客人可以在店里选择衣料量身剪裁。难道沃斯想让女士们忘掉裙子撑架吗？巴黎的女服制造商们对此冷嘲热讽，但是加热兰店里的客人们很希望穿上年轻的玛丽的裙装。衣料店的顾客们因此建议沃斯开一间服装店，客人可以根据店里设计出的衣服款式，选用各种能够在商店里买得到的布料定做服装。一场服装的变革正蓄势待发：专门定制很快将被系列成衣所取代，只不过需要时间和时机。

正是这两个朋友让路易看到了自己的事业希望，原来，身边还有这样多的人在关注这个行业、热爱这个行业，自己并不是一个孤独的行者。

第三节　金钱不是一切

> 许多时候您并不需要大箱子，只需要改变一下衣物的叠放方式。
>
> ——路易·威登

路易·威登十年如一日地默默工作着，在帮助马歇尔打点生意的同时，他也在不断地提升自己的能力。随着各种活动日益频繁，木箱的需求量越来越大，甚至达到了令人吃惊的狂热程度，路易每天都在马不停蹄地工作，紧张的工作不容许他有其他任何想法。

1844年的一天，天气特别晴朗，路易像往常一样在店里干活。这时，4辆高大的黑色马车停在了店门外，车上匆匆跳下几个装束和举止都很古怪女人。她们穿着巴洛克式的大衣服，环顾店铺一周后发现没有大一点的箱子，然后用矜持而又不满的声音说道："难道就没有大一点的箱子吗？怎么全是这种小箱子！"凭着在打工的这些日子学到的察言观色的本领，路易马上就意识到这几个人应该是某贵族家里的仆人。从来不放过任何机会的路易立刻说道："我们可以为您定制您所需要的大箱子，但事实上，许多时候您并不需要大箱子，只需要改变一

下衣物的叠放方式，小箱子就完全可以装得下了你所需要的一切物品。我想，如果能让我去贵府看一看具体要装的物品，做出来的箱子会更加适合。"

女人们商量了一下，便带路易上了马车，并再三嘱咐"不得乱说话"，一路上路易都在猜想这家主人的身份。穿过巴黎的大街小巷之后，马车最后在法国皇宫前停下来。路易大吃一惊，这位尊贵的客人居然是后来的拿破仑三世的皇后欧仁妮。

欧仁妮·德·蒙蒂若是法兰西第二帝国皇帝拿破仑三世的妻子。人们称之为欧仁妮皇后，她是一位极富传奇色彩的欧洲美女，也是法国政界一位重要的政治家和外交家。

原来，欧仁妮要动身去英格兰旅行，可行李多得完全装不下。于是她派人找遍全国的高档皮箱店，想要定制一批更大的箱子，但是，没有一家令她满意。后来她选择了城里最有名的马歇尔作坊为她打理行装，当然，为爱丽舍宫服务是马歇尔先生的荣幸。

到了皇宫，路易小心翼翼地打理着大量的贵重衣服，他的手紧张得不停地颤抖，他第一次看到这样贵重的衣服，也第一次近距离接触美丽的准皇后。路易越是这样害怕，让他害怕的事情就越多，没有想到整理行装这样的一件小事情，欧仁妮也要亲自监督，也许她要看看路易的手艺到底如何。欧仁妮十分挑剔地看着这个小工人的动作。她有太多的东西要装，仅是她的衣服就要装十几个箱子，还有一些她从未离身的私人物品也要装进去，比如信件、书和饰品等。这些物件根本就没有必要带着一起出行，但这个准皇后就是喜欢这样。

在准皇后的监督下，路易小心谨慎地收拾着欧仁妮偏爱的粉色、珍珠灰以及紫红色的衣服。路易虽然紧张，但由于他有熟练的手艺，很快就把准皇后的行李都装进了行李箱，出色地完成了任务。路易的细心和他灵巧的手艺获得了准皇后的赏识，她一高兴，赏给了路易一盘金币。

一直在寻找机会的路易并没有接下金币，他想了想后对皇后说道："尊敬的皇后陛下，我想您可能还需要一个随从，随时整理这些行李。"

欧仁妮听完，怔了一下，随即大笑起来，她留下了这个聪明而又心灵手巧的小皮匠。从此，路易·威登就留在了皇宫，成为欧仁妮皇后御用的行李打包工。

第四节　为梦辞职

人的理想志向往往和他的能力成正比。

——约翰逊

1853年，欧仁妮与拿破仑三世完婚，这位皇后以高贵、优

雅、漂亮而闻名。她的着装打扮、品位风尚甚至一颦一笑，总能引领当时的时尚风潮，成为摩登贵妇追逐模仿的对象。

当时的许多服饰品牌都想请皇后来为自己代言，因为一旦有了皇后的代言，该品牌便立即风靡全国，比如当时的卡地亚珠宝与娇兰香水，他们就成功地请动了皇后为自己代言。事实证明，这些牌子后来的发展都由于有了皇后的代言，才成为历史悠久的奢侈品巨头。

对于路易来说，这是一个难得的机会，自己能够成为皇后的行李打包工和专门随从，会有很多机会接触各种场面。皇帝夫妇热衷于各种主题晚会，招待宴、舞会、狩猎、郊游接连不断。虽然路易只是皇后的一个仆人，没有资格参加这样的超级盛会，但通过旁观这些活动，路易有机会了解到当时贵族的奢华生活，捕捉到贵族生活的时尚气息，进而了解他们的时尚诉求。

皇室以及贵族阶层对于当时社会风尚的领导作用不言而喻，整个社会的时尚诉求唯贵族是瞻，很多服装款式都通过皇室与贵族的表率而流行全国。今天，人们对LV的疯狂追捧，恐怕跟路易当年深深的贵族烙印分不开，当然，LV也自然会有这样的烙印。

有很长一段时间，路易对这种生活非常满足，认为自己一个穷小子能够在皇宫里当差，而且还是皇后的随从，是一件很值得骄傲的事。皇宫里豪贵奢华，精致优雅，住在这样的环境里，没有人愿意回到宫外那个截然不同的世界。

随着时间的推移，路易渐渐发现欧仁妮皇后要求太高，实在太难伺候，贵为法国皇后的她，是绝对不会随便在哪里买行李箱的。这位皇后表面上高贵优雅，但骨子里骄横跋扈、挥霍无度。她自称是月神阿尔忒弥斯来到人间，所以她所用的一切东西都必须形如满月：圆床、圆桌、圆行李箱等。而且，每次旅行前，路易都要替皇后马不停蹄地做箱子，打包大量的行李，忙得不可开交。

一次，路易为了更好地利用行李箱，好意地建议皇后把箱子的圆顶改成平顶，这样的设计会让东西放得更加稳固。让路易意想不到的是自己非常合理又科学的建议，居然引起了这位自封为"月神阿尔忒弥斯"的皇后的勃然大怒，皇后狠狠地把自己训斥了一顿。路易感到难以理解，科学的设计怎么会遭到这样的对待，这是对创新的不尊重，更是对自己的不尊重。

开始时，路易还愿意忍受，毕竟自己刚到这里，很多东西都要熟悉，何况，对方是法国最高贵的消费者，对仆人们发点脾气也是应该的。但是，久而久之，路易就感到很不舒服，尤其是在自己没有做错的情况下遭到这样无理的训斥，路易感到满腹委屈，觉得这样"富足悠闲"的生活毫无意思，始终有一种"寄人篱下"的感觉。

后来，这样的感觉越来越强烈，刚到这个地方的新鲜感荡然无存，随之而来的是伴君如伴虎的恐惧。于是，路易产生了离开皇宫的打算，他想凭借手艺去找寻自己的工作和生活，去开创属于自己的天地。还有一个重要的原因是这样的生活尽管

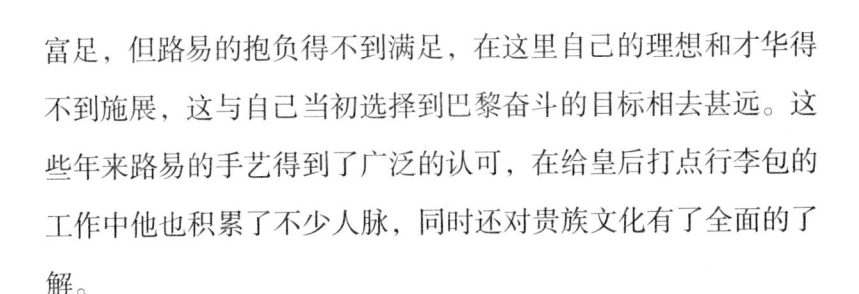

富足，但路易的抱负得不到满足，在这里自己的理想和才华得不到施展，这与自己当初选择到巴黎奋斗的目标相去甚远。这些年来路易的手艺得到了广泛的认可，在给皇后打点行李包的工作中他也积累了不少人脉，同时还对贵族文化有了全面的了解。

路易认为，自己创业的时机已经成熟，于是，下定决心后，路易向皇后提出了辞职，表明自己的心意，希望皇后能让他离开。皇后支持路易的决定，路易需要更大的发展。为皇后打点行李终究不是这个青年一生的梦想。

路易离开皇宫后，继续回到马歇尔的店铺做事，因为，那个地方是他熟悉的作坊，那里还有他信任的、亲如父亲的马歇尔。

第五节　坠入爱河

> 爱的力量是平和的，从不顾理性、成规和荣辱，它能使一切恐惧、震惊和痛苦在身受时化作甜蜜。
>
> ——莎士比亚

路易再次回到作坊里，受到了马歇尔先生的热情欢迎，当

初路易进皇宫时他也没有丝毫的阻拦。十多年的共同生活，马歇尔已经把路易当作自己的亲生儿子看待，对于路易的一切决定马歇尔都非常尊重和支持。这次回来，路易在这里收获了甜蜜的爱情。

这个聪明、勤奋、能吃苦的外省青年深受马歇尔先生的欣赏，他把作坊的所有事务全部交给路易来打理并帮助路易拓展他的社交圈，马歇尔想帮助路易找到事业发展的方向。马歇尔先生不仅给予路易经济支持，还为他的未来发展铺平了道路。

马歇尔和路易已经不再是雇主和雇工之间的关系，而是变得像一对亲密的父子。此时，路易已经30岁了，到了而立之年，他非常钦佩他的老板，而他的老板也很为他骄傲。路易和马歇尔在工作上的互相信任又因两人近乎父子般的情谊而更加深刻，以至于马歇尔在下班后经常邀请路易去自己家中喝茶、谈工作、谈生活，有时还谈感情以及路易对未来的打算。此时，马歇尔开始关注路易的婚姻问题。

路易只有姐姐和姐夫在巴黎，因为自己忙于工作，所以很少去拜访。15年来，为了学习技术和工作，路易也很少有时间和机会结交一些朋友。当然，马歇尔知道路易全身心地投入工作，于是，在星期天，他总会让路易陪他去乡下转转，了解外面的世界和生活，毕竟，那里的中产阶级还是比较在意时尚的。当时，巴黎的贵妇们已经把路易看作是巴黎最著名的女装打理师。

1853年，马歇尔把制作包装纸制品和纸板的老板尼古拉斯·帕里奥介绍给了路易。初次见面，帕里奥就非常喜欢这个年轻人，尤其当马歇尔把路易勤奋刻苦、善良专注的品质以及高超的包装技术说给帕奥里听时，他更觉得这个年轻人是难得一见的有才能的人。所以他迫不及待地把自己的女儿克莱蒙斯·艾美丽介绍给了路易认识。

当时，克莱蒙斯·艾美丽只有16岁，人们都亲切地叫她艾美丽。她长长的辫子垂在后背，双眼明亮，美丽优雅，性格坚强而敏感。她看到路易不仅有着浓密的头发和贵族式的波浪发型，而且肩膀宽阔，双手纤细，指甲修理得很整齐，艾美丽觉得他是位有修养的男青年，路易给艾美丽留下了美好的印象。

路易见到艾美丽后，被她美丽动人的双眼吸引并为之着迷，艾美丽也深深爱上了这个能干的青年。她在看着镜子里摆弄头发的自己时，心里想的却是路易。

尽管艾美丽与路易的年龄相差很大，但这并不妨碍他俩一见钟情。第一次相见，他们就陷入了热恋中，并开始了约会。

自从和帕里奥一家相识后，路易精神大振，干劲也更足，似乎也找到了自己的人生方向。此时，他想到未来，想到比下一个行李打包季更远的未来。在路易与艾美丽的故事中，我们不由得相信爱情的力量如此巨大。

热恋的孩子总觉得时间过得飞快，一晃半年过去了，路易发现随着时间的推移自己更加喜欢艾美丽，他希望能和艾美丽永远在一起。路易想结婚，但是，他既没有结婚的钱，也没有一个真正的职业，甚至没有合适的衣装去追求心爱的人，更没

有一个让艾美丽落脚的家。想到这，路易惆怅了。

在当时的法国，大部分人在25岁之前完婚，路易已经成为不折不扣的大龄青年。路易只有适合成婚的年龄，其余一无所有。当路易遇见艾美丽的那一刻，经过十多年漂泊的他，终于意识到自己该结婚、该成家立业、该拥有一个属于自己的家庭了。

这么多年来，路易一直专注于事业，竟然忽视了对爱情的渴望和追求，但当他看到艾美丽的那一刻，这种想法彻底被改变了。他更需要成家，需要立业，他更需要艾美丽这个温柔贤惠的女子来做自己的妻子。

坠入爱河的路易表现出前所未有的激情，让人想不到的是这个平日里十足的工作狂居然也有这样的闲情逸致，也开始花前月下——路易开始频频约会艾美丽，甚至非常注重自己的穿着打扮，他再也不像以前那样什么都不顾了。他需要把一个好的仪表展现在自己的爱人面前，得到她的肯定。

一天，路易向马歇尔请了假，他从圣托诺雷出发，穿过杜伊勒利花园，走过国王桥，到了位于圣日耳曼区中央路段的巴克街，那里曾经有一条小河流经，那也是斯塔尔夫人喜爱的小河。路易径直走向好商佳商场（Bon March），那是法国的第一家商场。

漫步在这个新概念商场里，看着眼前琳琅满目的商品，路易深深地感叹，这些本与自己无缘的高档商品，现在将要穿戴在自己身上。为了让心爱的女孩更加喜欢自己，也为了让他们这对热恋中的人在别人眼里更体面。路易决定购买一身得体的套装，来改变自己原来的装扮。

路易身材高大，肩膀宽阔，而这里的大部分衣服都精致小巧，所以员工们花了两个多小时才为路易找到一件尺寸合适的上衣。然后路易自己挑选了黑色毛呢裤和灰色羊毛衫，还有黑色衬衣和一双米黄色皮鞋、毡帽。镜子里的路易完全是另外一个人——一个高大帅气、英明俊朗而年轻有为的青年。这极大地增加了路易的自信心，他从来没有这样喜欢自己，也从来不曾想过自己会有这样风度翩翩的形象，他满意极了。

结账时，收银台向路易收取了33法郎，这大约是他半年的薪水。离开商场的那一刻，路易萌生了一个疯狂的念头，自己是不是应该想办法经营自己的事业呢？现在，他已经掌握了所从事这个职业的所有技能，已经成为深受欢迎的打理师，他认为他已经具备了去做属于自己事业的所有条件。

路易把自己的想法告诉了艾美丽，想听听她的意见。没想到，艾美丽非常支持他的决定，并鼓励他积极筹备自己的作坊。有艾美丽的支持，路易就更没有后顾之忧了。

就在这两个年轻人憧憬爱情和婚姻的时候，意外发生了，艾美丽的父亲去世了。根据法国风俗艾美丽服丧期间不能和心爱的人相约，除非是她的未婚夫。于是，这对恋人开始了一段牛郎织女的生活。

1853年，凯旋门星形广场的七条大街完全修建好，也就是在这一年，经过人生磨砺的路易·威登终于得到了艾美丽母亲

的首肯，有情人终成眷属。1854年4月22日，路易和艾美丽的婚礼在克雷泰伊镇举行。

艾美丽从家中继承了一笔财产，她的家人希望路易好好利用这笔财产，给艾美丽一个安定的生活。路易夫妻俩没有签订任何婚前协议，因为爱情让两人紧紧地拥抱在一起，他们彼此信任，他们对未来的生活充满了期待。路易在马歇尔的店铺里工作了16年，他也有了一些积蓄，因此夫妻俩的财产几乎是相等的。

结婚时路易已经32岁了，而艾美丽才17岁。对于他们而言，爱情是没有年龄距离的。尽管艾美丽很年轻，但她比较成熟，艾美丽很小就在父亲的工厂里练就了各种本领，所以路易可以放心地交付她打理任何事情。夫妻做事情也比较默契，这样一个组合，非常适合创业。

Louis Vuitton

第四章　坚实有力的中年步伐

- 第一节 巴黎市中心的第一家店铺
- 第二节 起步虽晚，技艺高超
- 第三节 创意源于生活
- 第四节 大胆革新，迎风起航
- 第五节 塞纳河畔的新厂房
- 第六节 与仿制赛跑

Louis Vuitton

第一节　巴黎市中心的第一家店铺

> 人类心灵深处，有很多沉睡的气力；唤醒这些人们从未梦想过的气力，巧妙运用，便能彻底改变一生。
>
> ——澳瑞森·梅伦

婚后不久，艾美丽怀孕了，这让路易欣喜若狂，也让路易看到了更多的希望。艾美丽坚持让路易暂停手上的工作，因为这个时候有一个重要的客户等着他去处理一件非常重要的事情。

原来，马歇尔先生已经50多岁了，在他这个年龄段的人，一般都选择退休安享清福。路易在他身边工作了17年，完全有能力继承马歇尔先生的事业。如果寻找继承人的话，路易理所当然成为首要人选。马歇尔先生希望路易能继承他的事业，让作坊更好地发展。但是，路易有他自己的打算，他希望能创建自己的店铺，并将此当作努力的方向，他希望能够通过自己的创业实现当初的梦想。

当时，路易·威登在业内的名气越来越大，越来越多的业内人士认可他，他的社会知名度也在逐渐扩大。天时地利也已具备，三十而立的路易，自然要开始规划他的事业了。求婚时，路易就下定决心要创建自己的事业，艾美丽对他们的婚姻生活充满信心。艾美丽告诉路易，戈雅已经在多姆广场附近的英国区开设了自己的店面。艾美丽的意思是想要告诉路易，你并不比戈雅能力差，也应该去创建属于自己的事业。

路易决定开一家自己的店铺，店铺经营不仅仅局限于行李打理上，而主要发展另外一个业务，即生产出一种旅行箱子，将箱子本身变成经久耐用的物品。这样，他会在之前的工作基础之上有更大的发展，这也是后来公司发展迅速的一个重要因素。

路易想要制造真正的箱子，这种箱子不再作为暂时收拾行李而被使用，而是任何时候都能够用。基于这样的制造意图，如果想要有钱人接受重复使用箱子的观念就必须把箱子设计得又漂亮又实用，让他们觉得这个箱子值得留下来继续使用。与此同时，设计的箱子还要便于开闭，如果达不到这些条件，这样的设计就是失败的，不可能得到消费者的认可。

路易想只要有了自己设计的这款箱子，人们以后就再也不需要花太多的时间收拾行李了，也不用找行李打理师为他们服务了，人人都可以自己动手收拾物品。这是一个创新，也是一个重要的商机，路易意识到这将是一门很好的生意。

19世纪中期，大多数的生意主要掌握在英国人的手里，箱包制造业也不例外。路易并没有因此退缩，相反他希望设计出更有特色、更能满足客户需要的箱子，同时还要实用、美观、大方。经过近20年的打拼和学习，路易对木料和布料的功能与性质相当熟悉。路易认为他一定可以设计并制造出奢华的、独一无二的箱子，同时，他要赋予这个箱子艺术的气质，不仅耐用，还要耐看。

路易希望将商店开在巴黎市中心。路易在帮马歇尔工作的17年里，积累了很多重要的客户资源，而且大多集中在巴黎市中心。幸运的是，奥斯曼刚刚在那里铺好一条通往歌剧院的大道，那一带是繁华的旅馆区以及英国人集中的地段，路易认为这条路的修建必将带来重要的商机和更多的发展机遇。所以他决定将商店的选址确定在位于旺多姆广场地区卡普西努大街（从和平大街开始一直到玛德琳娜大街和卡普西努大街交汇处）。

如其所料，没过几年卡普西努大街便发展成为巴黎的一条繁华商业街。这里店铺林立，商业发达，各式买卖应有尽有。有卖鞭子的、卖饮料的、卖靴子的、卖木雕的、卖冰激凌的、卖马鞍的，还有时装店、诊所、理发店、烟草店、军械店、珍宝店、饭店、草药店、药店、肉店以及猎奇店，当然还有每个地区必有的裁缝店。这条街虽然不长，但非常繁华，商业很活跃。不仅如此，这里还有律师事务所。总之，卡普西努大街在那时就已经发展成了一个现代商业区，初具现代商业圈的基本条件。

路易所开店铺的附近经常有地位显赫的人出入。比如，对面是一家超豪华的英国牙科诊所，牙医是沃德先生，他医术高明，招来了很多有钱人前来就诊；诊所旁边是阿瑟兰女士的英国饭店。经常有一些地位显赫的人物光临这条街，有男爵、伯爵、子爵、女伯爵、波兰上校、军人，还有两个议员——德龙省的莫尼埃先生和埃罗省的胡洛·迪加先生等。在这两家店的中间，也就是8号，是享有歌舞剧艺术家之称的多仕女士的店铺。路易在这里虽然也算是能工巧匠，但相比之下逊色得多。

在艾美丽的支持和帮助下，路易的店在1854年春天顺利开业，路易的第一家皮件专门店在巴黎诞生了。春天，人们走出户外，开始郊游，各种各样的舞会也开始举行，箱包的需求量随之增加。这给刚刚才创办的皮具店带来了生意和机会。

路易创办店铺的几个月前，英、法两国为了反对沙皇俄国侵略土耳其帝国，联合发动了对俄国的战争，三国间的这场矛盾延续了近7年，尽管如此，法国人享受生活的习俗并未因此受到影响，战争阴影被他们远远地抛在脑后，生活依旧有序而热闹。

17年的打拼，让路易从一个年轻的穷小伙变成了一个知名的青年打理师，并且在巴黎成家立业，有了妻子也有了自己的店铺。对于初到巴黎的路易来说，生活发生了翻天覆地的变化。

第二节　起步虽晚，技艺高超

> 所有坚韧不拔的努力迟早会取得报酬的。
> ——安格尔

1854年，菲尔米·迪加多弟在巴黎年鉴上发表了当时巴黎比较有名的行李打理师和箱包制造师名单。这份名单涵盖了巴黎城各种木料箱包制造师和近百家作坊，路易·威登并不在名单之列。

路易在巴黎算不上是首屈一指的行李打理师，他只不过是众多打理师中比较出色的一位而已。但是，这并不影响他未来的发展，因为，有高超的打理技术仅仅是一个方面，判断一个人是否在这个行业里有发展还需要看这个人是否有更为远大的理想，是否有开拓创新和把握市场的能力，是否能设计出符合时代发展的产品。

1854年，路易·威登才开始在博坦商会进行登记，这和很多箱包制造师比起来起步已经比较晚了。1855年，路易·威登的名字开始在商会名单中字母V的行列中出现：登（Vuilton），箱包制造师，喷水广场街4号和老好人街7号；登（Vuiton），行李打理师，寇马丁街32号；登（Vuiton），医生，拉丝卡斯街12号；登（L.Vuitton），箱包制造师，卡普西努大街4号。

当时，用于制造箱包的木料主要包括山毛杨、白杨木、杉木，而这些箱包主要用于装运各种各样的物品，如家具、工具、裙子或者帽子。当时，也出现了一些类似于现代的商业广告，一些制造家还掏钱做广告，仔细描述其经营范围，不断扩大自己的宣传面，让更多的消费者了解自己的产品。比如德维尔先生的商店专门为裙子和帽子设计箱包，还可以按客户需求定做各种箱包、晚装皮包和旅行包。

从成立自己的店铺开始，路易便不满足于仅仅打理行李，他在商店橱窗中展示了他创作的第一件作品——圆顶箱子。这个圆顶箱子用白杨木做成，框架采用黑铁丝。由于选材的原因，箱子显得很轻盈。与过去那种笨重的箱子相比，他的这件作品显示出了巨大的优势，一经推出，便受到顾客的追捧，非常抢手，这给路易的店铺奠定了一个坚实的基础，也让路易对自己的设计充满了自信。

当时，箱子正处于变革时期，各种不同的箱子和设计纷纷涌现出来，大家都想用最好的设计得到顾客的青睐。路易观察到这些变化，也清醒地意识到这一点，所以，路易很快就抓住了这个特点和契机，设计出各种符合人们要求的箱子。

第三节　创意源于生活

> 对一般人而言，凡事要思索不是什么麻烦的事。
>
> ——詹姆士·布莱斯

从19世纪开始，法语字典上才把人们用于日常生活的箱包分别定义，有箱子（mall）、包（sac）、手提箱（valise）等，也对这些物件进行了专门的界定。虽然路易·威登以设计方便出行的箱包为主，但是字典里的箱包概念都与旅游（voyage）没有直接关系。

同期，箱包制造商也大量出现，箱包制造是一门手艺活儿，箱包制造师需要把木料和金属巧妙地结合起来以制造结实、美观的箱体，他们用皮毛、布料、化工合成物来制造箱子的外观和内衬，每一道制作工序路易都了如指掌。不过，路易更侧重于箱体设计。

路易的邻居叫皮埃尔·戈蒂耶，也是一个作坊主，来自外省。路易非常了解他的这位邻居，也非常欣赏皮埃尔。因为在30年前，他在笨拙的晚装包基础上改良出了第一个旅行包。使顾客满意的另外一点是，不论什么时候，你都可以在皮埃尔·戈蒂耶先生的作坊中找到任何一种旅行装备，他的商店可称得上是名副其实的旅行包专卖店。

皮埃尔有着非常强的创新精神，他总是在不停地思考，不停地设计。他常常怀着对新鲜事物强烈的好奇心，不断地推陈出新，向客户提供各式各样的新产品。

路易非常敬佩这位邻居，也从这位聪明的邻居身上学到了创新的精神和品质。正是这样的创新精神，让路易在箱包这条路上不停地奔跑。

皮埃尔的创新精神让路易深受启发，他也在与皮埃尔的交流中产生了许多新想法，这些想法帮助路易设计出更高级、更合理的箱包。路易深知随着汽车、铁路等各种现代交通工具的发展，功能更加强大的箱子必将代替行李打包这一行业，行李打包工也必将退出历史舞台。

当时的法国，已然是个浪漫的国度，国民出游频率越来越高。每个人的家中都需要备有大箱子用于放置家用衣物，还需要备有几个旅行箱以供出门使用。

起初，路易设计了几种行李箱，但是都没有急于投入生产，因为他要看看设计图纸和样品之间有多大差距。他在木料厂订购了所需的材料，并向木料供应商们提供了设计图，然而没有一家能做出令路易满意的木工活儿。路易对自己设计的产品要求很严格，在木料供应商无法达到他的设计要求时，路易决定自己动手去做。基于少年时期跟随父亲学过的木工技艺，路易下决心要亲自让图纸变为真实的产品。

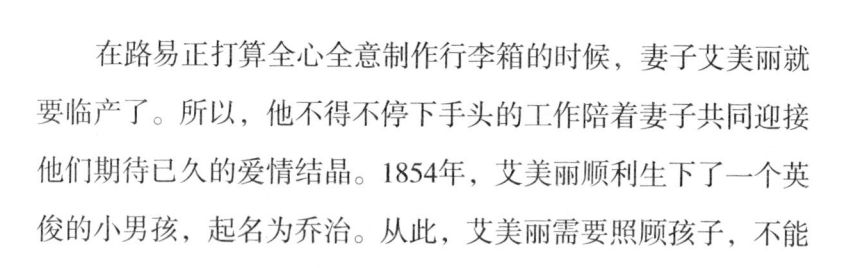

在路易正打算全心全意制作行李箱的时候，妻子艾美丽就要临产了。所以，他不得不停下手头的工作陪着妻子共同迎接他们期待已久的爱情结晶。1854年，艾美丽顺利生下了一个英俊的小男孩，起名为乔治。从此，艾美丽需要照顾孩子，不能再到店里帮助路易打理生意，路易便独自一人管理作坊，工作和生活从此变得更加艰辛和忙碌。

刚开始，路易商店的主要业务还是打理行李。经过多年的积累和推敲，路易的设计和制作箱包的水平越来越高。后来，他成了欧仁妮皇后的钦点制作商，她对衣着、服饰要求非常严格，路易却能令其满意，可见路易的工作做得多么严谨而细致。

1855年4月，拿破仑三世受到维多利亚女王的邀请，准备前往伦敦访问，欧仁妮伴随皇帝前往温莎堡。当时，在克里米亚半岛，英法联军已经到达塞瓦斯托波尔城下，双方首脑将共商下一步的战略。这次会晤，欧仁妮皇后同维多利亚女王结下了深厚的友谊，并使女王改变了对拿破仑三世和法国的一些成见。

与往常一样，路易负责收拾皇后的行装，更要打理皇后那些贵重的香水瓶，这些香水由年轻的制香师皮埃尔·弗朗斯瓦·帕斯卡尔·娇兰特地为皇后设计，取名为皇后之水。同时他还要注意打理皇后的帽子、贵重的皇冠以及无数的衣服，皇后还强调一定要打包一件新添的宽大裙子。据宫中侍女说，当时皇后已经怀孕，但是，在确定胎儿一切无恙之前，她还不想将此消息公布于世，因为这涉及到王位继承。路易负责打理并看管欧仁妮皇后的衣服、面纱、手套等，这也使他有机会见识到了当时法国最漂亮的女士服饰。

就在路易忙于打理皇后行装的那几天，他与妻子艾美丽的第二个孩子即将出世。1855年4月8日路易与艾美丽的女儿在普西努大街商店的楼上出生了。艾美丽对孩子的到来感到十分兴奋，而路易却无暇兼顾，他整日奔波在杜伊勒利宫中。

同年5月世界博览会在英国召开，这次世博会将持续近5个半月，展会选择在第二次工业革命的中心伦敦举行。这类展会一般有两个主题，技术革命和殖民地引进，它们代表着历史的发展和商品社会的盛行。在这次展会上，拿破仑三世以种种方式向全世界证明，法国也可以成功地举办这类大型展览会。

在伦敦国际博览会上，路易有幸遇到了从事铁路运输生意的埃米尔·佩雷尔。路易知道，埃米尔·佩雷尔是巴黎至圣日耳曼铁路的承建商，他指导修建了多条欧洲铁路干线。他刚刚创办了法国南方公司并重修从波尔多到拉特斯特之间的铁路，并将之延至阿卡雄，人们对此津津乐道。

路易一直与这位运输专家维持着友谊。在谈话中，路易所描述的商机，激发起佩雷尔铺展他未来海航线蓝图，还勾起了他对将来海运货物的装运情况的展望。佩雷尔同意路易的看法，将来海运和铁路运输都需要平顶箱子，竞争的焦点就落在箱子的设计上。于是路易决定扩大作坊的经营范围。

路易开始着手进行各种箱子的设计，按照自己的想法设计出符合旅行的箱子。路易一边完成图纸的绘制和设计，一边不断地修改调整。当设计出的图纸达到自己的要求后，他又马不停蹄地开始样品制作，同时，在制作样品的时候不断地调整、修改，打磨出精美的箱子。

路易认为未来的箱子应该不再是圆顶的，而是平顶长方形的，因为平顶长方形的箱子更容易平放在行李车厢内，同时这种箱子还可以放置裙撑。为什么不专门为一些配件设计特别的箱子呢？这个念头在路易的笔下越来越成熟，我们可以称之为箱包史上的变革。

与此同时，路易的产品也渐渐开始受到一些名流贵族的欢迎。由于当时箱子的销售利润远远大于打理行李，所以路易逐渐把一些行李打理的客户转交给他的第一个学徒埃米尔·拉拜克，自己则专注于箱包的设计制作。

第四节　大胆革新，迎风起航

非经自己努力所得的创新，就不是真正的创新。

——松下幸之助

一天，路易从卡普西努大街的店铺出来，匆匆赶往他制作

平顶箱样品的作坊，他要用新的设计理念制造出全新的产品。

路易新设计的箱子更侧重于箱子的美观大方。此时的路易意识到，新箱子的设计不仅仅要取代圆顶箱子，更重要的是箱子的美观性，这样才能适应人们对箱子的审美追求。无疑，这一次设计将成为他设计生涯中的第一次挑战。路易考虑用皮和丝绸镶面，这样可以防水，可是皮革难闻的味道会渗到行李里面去。于是，路易打算先用布料粘贴在木头上，然后再重复这个过程。路易按照自己的想法设计了箱子，但就是这个简单的创意，在50年后被人们同样运用到飞机制造上并获得了很大的成功。路易就是这样一个人，不停地创新，不停地前进，用自己的思想设计出完美的产品。

1851年，美国女权主义者埃米利亚·布鲁梅提倡妇女在到膝的短裙底下穿上蓬松的短裤。受到这种浪潮的影响，裙撑应运而生。在这样的流行趋势下，路易很快意识到妇女梳妆物品的打包收拾方式应该优化。圆顶箱子在使用中确实有很多不便之处。

自店铺开张两年以来，路易在产品的设计上不断追求创新。他的灰色帆布行李箱已经迅速推广起来，下一步，他将推出高档平顶皮衣箱。在署名为乔治·威登的《威登家族的创立和发展史》中，可以看到路易所设计的第一个平顶箱子的草图，并且从中知道，路易从一开始就比较看重平顶箱，因为经他准确地测量和计算后，平顶箱子的空间相对比较大，也比较坚固耐用。

1856年，路易终于制作出了一个圆顶白杨木皮箱，用灰色帆布镶面，后来称之为"Gris Trianon"。这个箱子在很多方面都堪称为革命性的作品，让人耳目一新。因为这个箱子容量更大，箱体重量更轻，便于上锁扣；箱子内部的连接更加结实，帆布镶面采用黑皮面为粘贴材料，更为牢固；帆布粘贴在木头上防水功能更好。

路易向客户们详细介绍了这种箱子的各种特点，如木头材料和金属架使箱子的寿命更长，更便于携带，只是箱子表面皮革防潮性不够好。路易强调箱子美观大方的特点，他的灰色帆布设计风格很快吸引了不少人的目光，也很快得到了认可。当时在和平街区出现了一个热潮，人们蜂拥而至前来购买平顶箱子，平顶箱的出现使圆顶箱子慢慢地被淘汰。

尽管人们依旧倾向于用圆顶箱子，但是，路易依然坚持他的平顶皮箱路线。路易在店铺里忙于向客人介绍、展示他的设计，并介绍这个设计的优势所在。人们对路易设计的平顶皮箱感到惊叹，人们欣赏它的美观大方、高贵典雅，但也有人对它的牢固程度和容量持有疑虑。

路易大胆而创新的设计引起当地同行竞争者们的强烈嫉妒，他们不只争论箱子的形状与实用性，而且开始针对路易本人进行诋毁和攻击。

路易儿子乔治回忆说："第一个平顶皮箱子的问世，使路易成为巴黎城中受人瞩目的人物，同行们不断这样那样地嘲讽他，认为他只是利用自己的聪明满足自己的虚荣心。"对于这些议论，路易充耳不闻，他仍然坚持自己的理念，很快将设计投入生产。

正当此时，身体健康的艾美丽又怀孕了。为了使自己看起来不太臃肿，艾美丽到各个商场里去试穿不同款式的裙撑，然后找当地的裁缝进行仿制，这样不仅便宜还更加合身。于是，每天晚上，艾美丽都会将自己白天在巴黎城内看到和听到的新鲜事说给路易听。

这段期间，路易每天晚上都陪艾美丽一起看时尚杂志，比如《贵妇人》和《贵族小姐》，路易了解了时尚的走势。杂志上的插图时不时激发起他的创作灵感，特别是那些有他箱子的图片。

1856年冬天，奥斯曼工程改造使巴黎焕然一新，街道两旁布满了小树林和喷泉，狭窄的小道渐渐被楼房或宽敞的柏油马路取代。巴黎市区到处都是大商场，时尚不再是名流贵族们的专利。纺织工业制造成本降低，商业交流日益频繁，这些都促进了中小企业和服装制造业的发展。

与法国元帅布锡考特同具盛名的格扎维尔·吕埃勒开了一家名叫市政厅百货店的店铺。名流贵族们经常光顾那里，购买各式各样的商品：扇子、篷式汽车、面纱、面具、长袜、斗篷、手套、遮阳伞、帽子等。还有一位有名的商人开了一家卢浮宫商店，专门收集艺术品。

当时也正是巴黎人疯狂出游的时期，收拾行装成了出行前最主要的准备工作，行李尽可能配备齐全：衣物、被单、洗漱用品、长靴、帽子、手杖、遮阳伞、外套、乳液、香水、香粉、化妆品，甚至还有盘子。有钱人越来越倾向于成群结伴地出游，于是产生了对系列旅行箱的需求。路易决定将箱子进行规模化生产，同时，他致力于设计新的款式。

但是，由于作坊太小，已经不适应规模化生产，于是，路易考虑搬迁作坊，成立自己的工厂。

第五节　塞纳河畔的新厂房

> 愚蠢的行动，能使人陷于贫困；投合时机的行动，却能令人致富。
>
> ——克拉克

路易的店铺经过3年的发展，已经成为一个初具规模的作坊。到1857年，路易的作坊已经拥有了20名员工。由于人员的增加，订单的激增，路易不得不考虑设立新的工厂。

奥斯曼因为成功改造巴黎，于1857年获得男爵的称号，并成为参议员。此时的路易正考虑搬迁工厂，他准备在郊外建立一个条件很好的工厂来安排生产并安顿他的工人。

路易预见到未来行业的发展，于是积极寻找面积较大的空地。他准备选择以圣拉扎尔为出发点的铁路沿线周围的地段，

以方便原材料和成品的运送。最后，他决定将在离巴黎几十公里以外的阿尼埃尔镇的一个4500平方米的厂房作为新工厂，这个选择既经济又有投资价值。

在选用箱包框架材料时，路易习惯采用白杨木作为原材料，因为它既轻便又结实。白杨木生长在塞纳河淤泥地带，木质较好，同时河道运输比公路运输要便宜实惠得多。阿尼埃尔位于塞纳河边，这个地理位置有利于从瓦兹地区和马恩地区运输白杨木。因此，路易把工厂建在阿尼埃尔会大大缩短运输周期和成本。同时，路易还预见到了乡村郊区化的趋势，他认为阿尼埃尔镇将来会属于巴黎地区。

1826年，阿尼埃尔和巴黎之间第一条公路的修建带动了经济发展和人口迁移；1852年，由恩斯特·古兰设计的法国第一条铁桥的修建使阿尼埃尔和巴黎之间的交往越来越频繁。这两个工程使这个地方发生了巨大变化，于是路易买下了这块地。当然，还有另外一个原因，那就是虽然阿尼埃尔地区经济发展得越来越好，但是它的税收标准远远低于巴黎地区。

此外，画家们很垂青这个农业小城市。19世纪中期，一些后来成名的画家都在自己的画中表现了这里的农田或河岸的美丽。夜晚和周末的时候，塞纳河边的一些音乐小餐厅吸引了不少巴黎人前来放松心情。在那里，人们可以选择简单便宜的晚餐，煎蛋卷或者是刚刚从河里吊上来的鱼。人们在餐馆里又唱又跳，一直玩到深夜。

艾美丽从小在克雷泰伊长大，很熟悉这样的生活方式。她

非常赞同丈夫的选择，因为那里离她的家乡很近。她还建议路易在那里为他们和孩子建一所自己的房子，因为空地的面积很大，路易也觉得这个想法很好。

1857年初，路易便着手建设他的工厂。路易新厂房的设计非常合理：庭院四周依次是不同程序的加工车间：木工部、外部加工部、内部处理部、箱子和成品处理部。厂房后面有一个仓库和晒木头用的空地。在新厂房的楼上，是路易设计建造的自己和家人居住的屋子，后来威登家族一直住在那里。厂房使用了现代建筑材料，拱门和屋顶都采用金属材料，在当时来看，这不仅是一次美学挑战，更是房屋对材料实用性的一次挑战。新建成的厂房窗明几净，每到夏天，工人们可以从早工作到很晚，冬天的时候人们可以利用照射进来的阳光取暖和照明，节省了不少能源费用。

路易考虑在厂房的周围为工人们建一些房子，使工人落户在工厂周围，开始真正的团体生活。他想把房子分别建在彗星大街和议会大街上，路易希望以这样优厚的条件让工人们努力为工厂工作，并舍不得离开。

工厂的活儿十分辛苦，路易设计的款式不断地推陈出新，同时他对产品的要求十分苛刻。工人们学会了木工活，学会了如何给箱子镶面和铺里。但是他们偶尔还是会挨训，因为路易不喜欢他的权威受到挑战，也不喜欢别人辞职，更不用说背叛了。

尽管路易给工人们提供了良好的住所条件，但还是有工人要离开，并在离开之后不断地仿制路易的产品。

第六节　与仿制赛跑

模仿者精于模仿，但永远也学不会创造。

——路易·威登

路易·威登自设计、制作箱包以来，一直担心会被抄袭，可是这种担心并没能阻止仿制品的步伐。更令人想不到的是，这次的"盗窃"是路易厂房的内部员工所为。

随着路易的箱包在全世界风行，同行或者拥有相同手艺的人们越来越羡慕路易的成就。在路易工厂内，就有这样一个手艺不精的工头，无故离开路易的作坊后，认为他可以凭借自己的手艺推出威登式的箱子并对他以前的老板构成真正的威胁。这种"剽窃"行为让路易感到震惊，他一向都很相信他的工人们。虽然如此，仿制的步伐终究无法阻挡，毕竟，仿制品所带来的经济利润让很多人都眼红。

路易选择反击的方式非常特别。他没有选择以法律手段打击那些疯狂的仿制行为，而是推出新的款式，以新的款式不停淘汰旧的款式，让模仿者永远也赶不上他的步伐。于是，路易不断寻找新的灵感，不断设计新的样式出来。

对于路易而言，他不仅仅要在同行中标新立异，他还要成为行业中的佼佼者，成为这个行列的领军人物，从而引领世界箱包的潮流。他着手于新款箱子的设计，路易这次做出的革新对旅行用品业产生了重大影响。

1858年7月，路易一家庆祝乔治的三周岁生日。路易用特别的方式来庆祝这个日子，他在卡普西努大街店铺的橱窗里陈列了他最新的设计。他向顾客们热情而耐心地介绍了不同箱子的优势，比如有的方便携带，有的坚固、防水功能好，有的密封性强、分格合理、款式高贵等。他还与客户们进行讨论，并让顾客信服，名流贵族们开始疯狂地向他订购箱子。这才是路易在事业上的真正成功，他取得了客户们的绝对信任。

随之而来的是仿制品的泛滥，这对路易的事业造成了一定的影响。路易的箱包风行巴黎，而那些手艺不精的工人总是跃跃欲试。他在学得手艺后便离开路易的作坊，然后凭借着自己的记忆制作出与路易相仿的箱子。这对路易的事业构成了很大的威胁，这也是为什么路易要不断创新的一个重要原因。

那个时代，人们对于知识产权的保护还不重视，这更加剧了仿制品的蔓延。路易自然要对这种剽窃行为进行迅速反击。他从款式设计上寻找新的灵感，力求在产品上推陈出新，把仿制者远远地甩在后面。

路易采用了三个战略来打击这些仿制品。首先，改进原料质地，使箱包更为高贵、高档。他采用山毛榉木制造箱包，更为独特的是，他在箱包内部设计了可以移动的格子以便人们对衣物进行分类摆放。格子的尺寸非常合理，没有任何一寸空间是浪费的。其次，路易对每个箱子都设置了独立的出厂号与销售号，每笔订单、每笔销售都被路易记录在账，由于这些箱包的唯一性，它们被客户当成了传家宝，由祖母传给母亲，由母亲传给女儿。路易还建立了一份有钱客户的名单，每当推出新款式的时候，他总会优先介绍给名单上的有钱客户。路易的这种方法开创了商品营销的VIP制度，被写入今天商学院的客户关系学教材中。

今天，很多品牌持有者不断与仿制者打官司，耗费了大量的时间和金钱，取得的效果却不佳；相反，路易采取了以退为进的方式，以有力的创新手段不断推进产品的更新，让那些模仿者永远都赶不上他创新的步伐。

Louis Vuitton

第五章　繁华鼎盛，否极泰来

- 第一节　紧跟时代潮流
- 第二节　第一块奖牌
- 第三节　运输鲜果的旅行箱
- 第四节　突如其来的灾难

Louis Vuitton

第一节　紧跟时代潮流

> 每一步都走向一个终于要达到的目标，但这并不够，应该每一步都有目标，每一步都有价值。
>
> ——歌德

为了推动时代潮流，在箱包款式上推陈出新，路易绞尽脑汁。人们常疑惑，为什么在竞争如此激烈的巴黎市场，路易总能引领潮流、抢占商业制高点？这和路易灵活的商业头脑是分不开的。每一次社会领域的革新，每一次时尚风潮的变化，路易总是能从中嗅出商业价值。例如，在19世纪60年代，公共交通运输格局发生了翻天覆地的变化，而路易也充分利用上了这一机会。

1863年，第一艘穿越大西洋的蒸汽游轮"华盛顿"号在纽约下水，第一批游轮餐厅也在佛罗里达和巴尔的摩出现，法国也制造出本国第一艘远洋客轮"皇后欧仁妮"号。对于这些新事物的出现，很多人在对这一新事物啧啧称奇、跃跃欲试时，路易从中看到了商机：随着跨洋游轮的出现，国家与国家、地区与地区之间的距离拉近，势必导致人们旅行观念的变革，由此，长途旅行箱包必定大有市场。于是，当别人都在称赞、陶醉的时候，路易的创新设计已经悄无声息地诞生了。

为抓住这个契机，路易开始了长途旅行箱包的构思。当时的箱子主要是针对短期郊游而设计的，这种箱子易于装在袋子里或绑在车厢长椅下，但缺点是比较笨重。路易精心设计出了几款更适合出行特别是长途旅行的箱子，在材料选择上他也精益求精。经过日夜赶制，没过多久，路易的几款长途旅行箱包开始面向市场。无疑，它们都受到了人们的广泛欢迎。

机遇越来越多，路易也越来越忙，于是，他几乎把所有的时间都花在为顾客服务上，每日穿梭在巴黎的店铺和阿尼埃尔的工厂之间。

路易是一个善于开拓进取的创新者、拼搏者，他想让以路易·威登命名的箱子发展成为法国第一品牌；而且他还有更远大的目标，那就是将他的品牌发展为世界知名的品牌。他不满足于目前所取得的成功，因为他仅仅只占领了巴黎市场。

路易的想法和抱负也感染了他身边的人，尤其是他的孩子们。孩子们从路易的身上获得了一种拼搏奋斗的力量和坚持不懈的精神。

路易非常重视子女的教育问题，他打算把乔治培养成为手艺精湛的员工，以便继承他的事业。为了使乔治受到更好的教育，他辞退了奶妈，将5岁的乔治送到离阿尼埃尔500米远的一所寄宿学校。这所学校的管理制度非常严格，校内的学生只允许在周末和节假日出校门，其余时间全部封闭管理。年幼的乔治就在这所学校里面读书识字，还学习英语课程。

路易想将乔治培养成为真正的绅士，然而乔治对此不是很感兴趣。星期天他总是偷偷地到厂房里去玩耍，他喜欢摆弄那些锯下来的木板，就像路易小时候那样。尽管乔治经常被木刨弄伤，但这并不能阻挡乔治喜欢木工的热情，他依然要去摆弄那些工具，也未因此而产生恐惧。

1864年5月20日，艾美丽在阿尼埃尔的家中生下了他们的第三个孩子，而此时路易无暇顾及。他全身心地都投入到了自己的事业当中，孩子们只能由妻子照顾，工厂中有太多事情需要他做，琐碎的事情让他喘不过气来。

路易的事业并不像传说中的一帆风顺。喜欢革弊求新的路易对箱包大胆的改革触犯了"时尚权威"，并引起了竞争者的嫉妒。巴黎的时尚遗老们感到路易挑战了他们的权威、打破了他们长期独霸的"时尚解释权"，于是，他们利用路易"外省人"的身份大做文章，对路易进行嘲笑和猛烈的攻击；同行们认为路易只是利用自己一点微不足道的小聪明满足顾客们的虚荣心。

生性倔强的路易并不为这些闲言碎语所动摇，他依然坚守自己的理念。对于路易而言，他不仅要成为行业中的佼佼者，建立自己的品牌认同体系，而且还要让这个品牌走向世界。

此时，在面积相对较大的美国，火车已经逐渐成为一种日常交通工具，但对于欧洲人来说，只有在旅行的时候，人们才会考虑乘坐火车。当时在英国、法国、奥地利和德国，名流贵

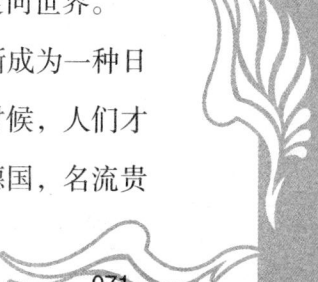

族们热衷到海边和山区度假，于是，火车开始延伸至海滨城市和山区。路易对火车的发展特别感兴趣，他对这个商机当然不会放过，借着为皇帝夫妇的火车旅行打理行李的机会，路易向贵族们推销了自己的产品，使自己的产品得到了更多名流贵族的青睐。

路易的聪明才智让他总是能紧跟时代潮流、创意层出不穷。他甚至能从艺术绘画乃至小说中嗅到设计灵感。巴黎向来是一个艺术中心，杰出的艺术家与艺术作品总是琳琅满目，各式各样的艺术展览也令人应接不暇。每年在巴黎的工业展览馆都会举行"不入流画家美术展览"。顾名思义，这种展览与传统学院派国际美术展览相反，展览的目的是让不入流画家的作品，或者是跟权威观念有所出入的艺术作品有机会曝之于众。

法国画家马奈的作品《草地上的午餐》就是在1863年的"不入流画家美术展览"中与观众见面的。《草地上的午餐》描绘的是一个裸体和一个半裸的女人与两个穿戴整齐、衣冠楚楚的男士在草地上用餐的情景。从来没有一个画家会像马奈这样表现对于人与自然、美与道德的关系的理解，该画的尺度让当时参观展览的人们都震惊不已，纷纷主张应该将马奈送进监狱。但路易对这种道德审判并不感兴趣，路易注意的是画中左下角的一只装午餐的篮子。路易觉得这只篮子设计精美，于是他的脑海中闪现出野餐箱子的设计图。

1863年，法国著名科幻小说家儒勒·凡尔纳的第一本游记小说《气球上的五星期》横空出世。该书讲述的是英国旅行家塞缪尔·弗格森探险非洲、寻找人类之谜的故事。该书以细腻生动的笔触对非洲大陆的风景进行了描写，无论是高山大海、沼泽洼地、沙漠河流、火山，还是大象、河马等都无不细致地展现其中。这本书开启了法国人对旅游的热情。巴黎的围墙上到处都是五颜六色的广告标语："通往勒阿弗尔和图维尔的旅游专列""通往斯特拉斯堡的旅游列车""到比利时、荷兰、莱茵河畔去旅游"等。1864年5月21日，著名的《插图画刊》发表了大量关于比利牛斯山旅游的文章，列车公司也纷纷应景推出比利牛斯山特价旅游，广告单铺天盖地。面对一波又一波的旅游热，路易伺机而动，奋力拓展着他的旅行箱包生意。

路易的视野并不限于巴黎一隅，他的目标是让全世界的人都用上自己设计的箱包。早在美国南北战争结束之初，路易就已经在考虑这个问题了。后来，美国南北的交流日益频繁，迁徙的人口也日益增多。这无疑是一个极大的商机，因为人口的迁移与流动，势必会增长人们对行李箱的需求。路易试图打开美国市场，他比法国其他同行更早地发现了这个强大国家潜在的商机。

第二节　第一块奖牌

> 一个崇高的目标，只要不渝地追求，就会成为壮举。
>
> ——华兹华斯

路易的产品获得了人们的认同，但是，这仅仅是一个区域的认同，范围十分狭窄，他还需要获得更大空间的发展。真正把产品推向全球、使路易·威登品牌在全球崭露头角的机遇还是世界博览会的召开。

1867年4月1日，世界博览会在法国巴黎举行，美国和英国也将参展，展会一直持续了7个月，到11月份的时候才结束。该博览会共吸引了50多个国家的5万余名参展商以及1500多万名观众。

这次世界博览会在三月广场展厅举行，因为爱丽舍宫相对而言过于狭小，不适合这个大型展览会的举办。当时，三月广场展厅建在军事学校和塞纳河之间。这次展会43%的空地都预留给了法国展商，然而在5.22万个参展商中只有30%来自法国本土。在这次展览会上，还有体现各个参展国家建筑风格的展厅，这在世博会史上都是前所未有的。另外，还有一些展厅展示法国的殖民地国家风格。

　　这是一个展示自己产品的好机会，路易想在这次展会上争取到位置好的展台，以便让自己的产品在最醒目的位置展出，让更多的人认识并接受。早在一年前，路易便期待着这样的展览会，从而将他所设计的产品推向全世界，向全世界人民展现他具有卓越品质的产品。当然，路易一边期待展会的召开，一边不断地超越自己，不断地推陈出新，他设计的箱包无论是在重量、价格方面，还是在实用性方面，都有巨大的创新。

　　这次展览会全面地展示了世界各国的优秀产品，使参观者有"周游"世界的感觉。在这里不仅可以看到来自摩洛哥、突尼斯、埃及和阿尔及利亚的展品，还能看到塞内加尔、厄瓜多尔、马提尼克岛、留尼汪岛和新喀里多尼亚岛的特色产品，这些国家的参展产品主要是手工艺品、原材料和食品。

　　巴黎世博会吸引了来自世界各国的1500万参观者，当然也有不少皇室成员参观了这次展览会。在这次展会上，水力升降机和钢筋混凝土两项技术最引人注目，这个在现在看起来非常平凡的东西，在当时却是一件伟大的创举。因为，这两项技术使人们可以把城市大楼建设得更高更坚固，大力推进了现代化城市建设的发展。航海方面的进步体现在螺旋推进器上，佩雷尔兄弟的大西洋轮船公司将轮船的发动机改成螺旋推进器，随之又发明了高压锅炉。

　　路易对这次盛会期待已久，他为自己争取到了一个位置绝佳的展台。然而，路易在环顾展览会一圈后却无法兴奋起来，因为他发现，自己的箱包已经被世界各国同行竞相抄袭仿造，他的设计被崇尚实用主义的美国人所采纳，到处都在展示这种箱包，毕竟，当时的这种行为无法通过法律手段来解决，唯一的解释——这是一种商业行为。

自己的产品并没有引起足够的轰动，怎么办？怎样才能让自己的箱包体现独一无二的价值？这一切难不住路易·威登，他在自己的展台前不厌其烦地向来自世界各地的参观者解释为什么要购买路易·威登的箱包，他详细地讲解箱包的贵族渊源、箱包的每一道制作工序、创意来源和使用的材料，这是其他任何品牌箱包所不能比拟的，他们能模仿自己箱包的形状，却不能掌握路易·威登箱包的神韵。

这时，路易的手下惊奇地发现，这位平日里只会苦干、讲求实效的老板居然是出色的口才大师与天才推销员。的确，这个时候，只有路易才深谙客户的需求，也知道如何与他们沟通，此时的路易已是一名出色的商人。

7月1日是一个盛大的日子，整个展览会上的参展商都屏住了呼吸，因为这一天拿破仑三世和皇后欧仁妮即将到会场颁发劳动奖和最佳作坊奖；同时出席的还有各个国家的贵族。一个个奖牌在这些贵族的见证下颁发给了不同的获奖者。

在巴黎展会上，路易·威登因制造出高质量与实用性完美融合的箱包而获得了铜奖。那天，欧仁妮皇后身着白色的套装，微笑地看着她的儿子颁发奖牌给她的行李打理师路易·威登。这是路易·威登获得的第一块正式奖牌，这意味着路易·威登的产品得到了全世界的正式认可。此时路易已经46岁，尽管幸运之神来得晚了些，但路易还是获得了成功。在美国人和英国人面前，路易尽情地享受胜利的喜悦和观众们的欢呼。参观者又重新回到路易的展台上去，人们甚至开始抱怨排除等候的队伍太长、人太多。

　　展会结束后，路易的订单如潮水般涌来，工作更加忙碌。他既要出席展会的一系列大小颁奖，又要上门为客户服务，同时还要兼顾店铺的其他生意与阿尼埃尔工厂的生产，路易恨不能有分身术以做好每一项工作。

　　多年来，路易就这样兢兢业业、呕心沥血地工作，使LV品牌从无到有、从小到大，自己却从未休过一天假。就算是铁打的身体也撑不住这样的超强度工作，终于有一天，路易在某个展台前累倒了。仅仅在休养半月后，他又投入到工作中。

　　路易的产品在巴黎展览会上获得认可后，他接连多次参加了世界各地不同的展览会。1867年末，他专心地在阿尼埃尔工厂里研究设计新的款式，为第二年的勒阿弗尔国际航海展做准备。在勒阿弗尔展会上，路易·威登获得了主办委员会颁发的银奖。

第三节　运输鲜果的旅行箱

>　　未来不是固定在那里等你趋近的，而是要靠你创造。未来的路不会静待你发现，而是需要开拓。开路的过程，便同时改变了你和未来。
>
>　　　　　　　　　　　　——约翰·夏尔

　　路易的生意也曾受到过大商场的冲击，客户们的购买习惯在慢慢地发生改变。世界博览会和勒阿弗尔后，路易的生意好转起来，加速生产成了当务之急。可是，艾美丽却帮不上忙，因为艾美丽又怀孕并因为难产正在医院里接受医师的救治。

　　1869年5月31日，艾美丽生下了他们的第4个孩子，路易为女儿取名为布兰·艾美丽。由于新生儿受到细菌感染，19天后在家中夭折。第二天午饭过后，路易在行李打理工夏尔·艾默莱的陪同下一起到市政厅去开死亡证明。虽然路易没有表露出来，可是对于小女儿的死，路易一直很自责。

　　1869年6月，埃及摄政王埃斯梅尔·帕夏到巴黎来参加苏伊士运河竣工仪式的准备工作。他在世界博览会上听说了路易的事迹后，特地前来拜访路易，希望路易能为他设计一种箱

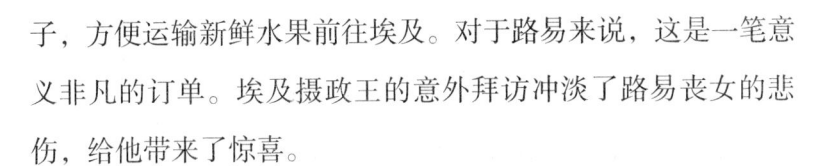

子，方便运输新鲜水果前往埃及。对于路易来说，这是一笔意义非凡的订单。埃及摄政王的意外拜访冲淡了路易丧女的悲伤，给他带来了惊喜。

路易想了想，准备为帕夏设计一个恒温箱子，沿用当初他针对殖民地国家和地区推出的实用款式。1869年9月9日，巴黎好商佳商场开始进行建造工程，开发商打算将其建设成为世界上最大的商场，周围的房子要一一拆迁。布锡考特太太为工程建下第一块奠基石，布锡考特则在奠基石上题词："这座建筑物将是独一无二的，它将向普罗维登斯展示我不懈的努力，展示我的成功。"这项工程持续了18年，期间各商铺正常营业。当年，仅好商佳的营业额就高达2100万法郎。

同年9月底，皇后召见路易，请他打包行装，因为她马上要到埃及出访两个月，拜访她的堂兄斐迪南·雷赛布，同时参加红海和地中海运河的竣工仪式。她将乘车穿越法国和意大利北部到达威尼斯，然后，在莱格勒港乘皇家游艇到达希腊、奥斯曼帝国，还将在伊斯坦布尔会见阿卜杜勒·阿齐兹苏丹。

欧仁妮到达埃及后，先游览了一些感兴趣的地方，在剩下的时间里她开始研究法老时期的历史遗迹。但欧仁妮拒绝拜访亚历山大，因为那里要求徒步参观金字塔。当时的埃及隶属奥斯曼帝国，欧仁妮对历史不感兴趣，而埃及的现在更吸引她。埃斯梅尔·帕夏想尽办法取悦欧仁妮，特地为她在尼罗河岸建了一间富丽堂皇的宫殿，窗户前种了一片橘园，这激发起欧仁妮对家乡安达卢西亚的回忆。

欧仁妮访问埃及期间，帕夏收到了在路易那里订做的箱子。他原想把这个特殊的箱子献给欧仁妮，但是欧仁妮谢绝了他的好意。不过，帕夏高兴地发现，箱子带有支架，这样利于新鲜水果的保存和运输。于是，他决定在与欧仁妮皇后一起参加苏伊士运河首航时，用这些箱子打包些新鲜的水果。

1869年11月16日，斐迪南·雷赛布、埃斯梅尔·帕夏、欧仁妮和埃及皇帝弗朗兹·约瑟夫从莱格勒港乘皇家游艇到达塞得港，参加苏伊士运河竣工仪式。埃及摄政王埃斯梅尔·帕夏很庆幸能及时收到路易·威登的箱子，以便他在船上为这些来自各地的贵宾们携带各种新鲜的水果，让大家游玩得舒适愉快。

第四节　突如其来的灾难

> 在严寒中颤动过的人倍觉太阳的暖和，经历过各种人生烦恼的人，才懂得生命的贵重。
>
> ——怀特曼

尽管其间有不少麻烦，但路易·威登的事业发展得还算比较顺利。路易·威登越来越受到人们的喜爱，甚至很多皇族也专门来订购他的箱子，这无疑给他箱子的品牌文化增添了贵族气息，让箱子的贵族文化更具有生命力，更具有现实性。路易憧憬着未来，思考着自己的箱子怎样才能走出法国，走向世界，让全世界的人都知道路易·威登这个品牌。然而，路易并不知道，一场灭顶之灾正在向他袭来，这场灾难把他推向了人生的深渊。

1871年1月28日，巴黎被攻陷了。阿道夫·梯也尔被任命为政府临时长官代表法国和普鲁士签署条约。对于法国来说，这是一场巨大的灾难，因为法国不仅割让了阿尔萨斯和洛林地区，而且还要在3年内赔偿50亿法郎。这样的赔偿，使法国经济迅速下滑，整个国家都被摧毁了。对于法国商人来讲，这更是一个巨大的灾难，尤其是那些奢侈品制造商们。赔偿合同签订6个月以来，路易没有卖出过一个箱子，更让路易感到绝望的是，他的工厂已经被占领，工人们纷纷被赶走。

目睹了这样的惨剧后，路易迅速离开巴黎赶回阿尼埃尔。让他吃惊的是，整个作坊成了营房，这里变得脏乱不堪，地上到处都是脏兮兮的稻草，又脏又臭的马匹躺在上面。长官们住在二楼路易的房间里，客厅变成了他们堆放杂物的地方。

令人更加气愤的是，那些他精挑细选的白杨木被堆放在烟囱旁边用来做饭取暖。他快速地跑到楼下察看，所有的东西都被搬空偷光了，工厂看起来似乎已经很久没有开工了。他的工厂被摧毁了，所有的一切都没有了，还会有什么比这更糟糕的呢？

望着眼前的一切，路易心中满是绝望。这场战争毁掉的不仅仅是路易的工厂，更是路易一生的心血。

后来法普双方签订了和平条约，德国军队撤离了巴黎，和千千万万的巴黎居民一样，路易走上街头清洗街道，试图把这种耻辱冲刷掉。路易变得一无所有，没有任何客户、没有工人、没有工具、没有商店。巴黎卡普西努大街的店铺也被洗劫一空，只剩下残垣断壁。

将近50岁的路易无法承受这样灾难性的打击。同样在这个年龄的老东家马歇尔已经开始选择退休寻找接班人了，而自己却遭受了倾家荡产的灾难。一场战争让路易一无所有了。

Louis Vuitton

第六章　第二次创业

- 第一节　重振山河，老当益壮
- 第二节　丰富多样的销售手段
- 第三节　父子并肩前行
- 第四节　柜式行李箱
- 第五节　首次广告　名噪一时
- 第六节　对手越来越高级
- 第七节　无形的"代言"

Louis Vuitton

第一节　重振山河，老当益壮

> 没有人会只因青春消逝而朽迈，常常是因抛却理想而朽迈。春秋会使皮肤老化，而抛却热情却会使灵魂老化。
>
> ——撒母耳·厄尔曼

路易想起了马歇尔先生，在他50岁时已找好了接班人并退休回家享受天伦之乐去了，可是路易不得不在50岁时一切重新开始，进行他的第二次创业。尽管生活让他感到悲伤，甚至绝望，但是，这一切并没有阻挡路易第二次创业。从来就没有害怕过任何困难的路易再次挺起坚强的脊梁，迎接人生巨大的挑战。

尽管这一次创业有现成的技术、成熟的生产线以及一些营销理念，但此时的法国经济萧条，购买力低下，困难并不亚于当年。此时的路易清楚地知道自己要走的道路，法国再也不能成为他的舞台，如果路易·威登箱子还要继续发展下去的话，海外是唯一的市场。

开拓海外市场成为当务之急，寻找新的客户、寻找新的购买力才是公司发展的唯一出路。路易清醒地意识到，现在能够

懂得奢侈品的客户在美国和英国，因为，现在这两个国家的人有钱消费、有钱出去旅游。只要抓住了他们，路易就能再次成功。

路易重新获得了他在阿尼埃尔的土地所有权，为了重建工厂，路易只好重新购买工具和原材料，重新建设箱包作坊和储放木料的仓库，在工厂楼上重新修建自己的房子。路易夜以继日地在工地工作并监督工程的进度，同时他还得考虑如何开展生意。这是个巨大的工程，他需要艾美丽的支持。后来的时间里，他们一起算计着他们所剩无几的财产，每天晚上都坚持记账。

日子一天天过去了，路易的消极情绪也慢慢消失，他又变得乐观起来，他充满信心地计划起他们的未来。LV品牌在巴黎渐渐地恢复了原来的地位，路易希望自己创造的品牌产品能成为未来旅行用品行业的权威，享誉全世界，占领美国市场，打败英国商人，再次显现他战前的风姿。他期待着成功，于是他又重新聘请了原来的工人开始全身心地投入工作。

整个巴黎的人们都行色匆匆，重新修建、重新启动，一切都在重生。法国政体在共和国和君主制之间悬而未决，富裕的精英人士在这个时候想到的就是尽情玩乐，而此时的美国正在飞速发展。

巴黎的活力和消费的乐趣又回来了，路易·威登又有机会征服他的客人了。但为了让公司更具规模，路易需要钱，需要很多钱。为了重建被洗劫一空的厂房，他决定卖掉卡普西努大街上狭小的不太实用的店铺。店铺很快出手，有了这笔钱，路易开始寻找歌剧院附近比较实用的房子。歌剧院的工程仍由夏尔·加尼埃这位一直认为法兰西帝国的伟大工程会因共和国的建立而中断的建筑师接管。

　　正在此时，有朋友给路易·威登一个重要信息：位于卡普西努大道的拐角处，斯克里布街1号的赛马俱乐部打算迁址。建立于1833年的赛马俱乐部，是巴黎首屈一指的鞍具店。赛马俱乐部一楼高11.5米，非常宽敞，而且对面是大饭店，旁边还有火车站和许多酒店，有很多游客经常从这儿经过。还有一个优势就是，所有穿越大西洋旅游业务的公司都在这条街上开设了办事处，铁路公司也坐落在这条街附近。

　　这是一个千载难逢的机会，这个店铺的地理位置得天独厚。于是，路易毫不犹豫地买下了俱乐部，只保留了一部分钱用于阿尼埃尔工厂的工程。俱乐部内部由三部分组成，他决定两个部分卖旅游用品，剩下的一部分用于行李打理。他抓住搬家的机会，制造出"全新的制箱工人"的声望，而不是如大家以前称呼的"包装工人"。这是一个巨大的变化，灾难并没有打倒路易，反而让路易在灾难面前及时地进行了华丽转身。

　　阿尼埃尔的重建工程已经开工，斯克里布街的制作间也开始启用。此时，路易急于返回箱包市场，找回属于自己的商业地位，并设计制作了一些不同的箱包来迎接这些受到战争与革命洗礼的国民。路易的灰色帆布行李箱早已家喻户晓，他放弃使用帆布，采用了一种新的图案，一种专属的图案。他开始用浅栗色和红色的线条图案装饰行李箱，并在天然羊毛色的底上设计了四条红色的条纹作内饰。

路易还计划为客户提供马车送货服务，并在工厂院子中间开设了铁匠铺，方便及时维修马车车轮。马车就停泊在厂房的两座大楼中间通道的尽头，但是，空间有点窄，马车无法调头，只能倒退着出去。于是路易在通道的尽头稍高一些的地方修建了一个可以自转的平台，四周用钢板遮挡，这样就可以将马车的货卸在外面了。路易在工厂旁还修建了一个马厩，里面平时备有十几匹马，用于把新制作好的箱子送到斯克里布街的店中和客人家中。

马拉着的货箱是黑色的，上面有粗体的乳白色的"Louis Vuitton（路易·威登）"字样，后面是送货地址。路易总是亲自监督货物的装载工作。

从路易的举动，人们可以清楚地看出路易信心满满地全力准备东山再起。可是路易已经快50岁了，尽管他还有梦想，还有野心，但是年龄和精力已不允许他这么拼命了。几十年的打拼奋斗，不仅考验着路易的聪明才智，更消耗着路易的精力。此前，企业设计、生产、销售的每一道环节都是路易亲自管理的，不曾有一丝松懈。现在，他必须考虑一个合适的接班人，并适当腾出时间与精力好好培养他。于是，他想到了乔治，他决定把乔治培养成接班人，很快，他让乔治接受了英式教育。

路易把乔治送到泽西岛学习英文，接受教育。乔治是个聪明的青年，他思维非常活跃，接受能力强，很快就成为班级里的佼佼者，受到老师的喜爱和青睐，学校里的老师甚至安排他修改英国学生的作业。

第二节　丰富多样的销售手段

> 过去的事已经一去不复返了。有智慧的人考虑的是现在和未来，根本无暇去想过去的事。
>
> ——培根

1871年，阿里斯提得·布锡考特发明了邮寄商品的目录，不久便被他以前的雇员——春天百货的儒勒·雅路兹效仿。第二年雅路兹便发行了7种邮购目录：一本总目录以及专门刊登服饰配饰、服装、婴儿服饰用品、首饰、领带、手套、雨伞、阳伞、床上用品的广告信息的目录，这样就可以吸引莱茵河彼岸的客人来购买巴黎的商品。路易对此极感兴趣，他观察着这些变化，也很希望能以此手段吸引更多的客人，甚至是来自德国的客人。

在商家们纷纷谈论着阿里斯提得·布锡考特的时候，路易·威登的专卖店历经了近两年时间的重新修整后，正式开业了，巴黎的客人们又比肩接踵地来到这里。橱窗里的灰色帆布行李箱已被条纹行李箱取代，这些新行李箱的制造全部遵循特有的加固方法：皮革铆钉加固板条，角形材料加固在边角处。而且，行李箱都配有双重保险锁和带有皮革扣环的结实皮带。路易把所有的希望都寄托在这个新款箱包上，因为市场一旦不接受，他将面临破产。

1872年4月，阿里斯提得·布锡考特的商场开辟了新的服务领域，创造性地推出了"白色一月"活动，这也是现代交易的奠基石。这一活动使巴黎人在圣诞节过后再次掀起一场轰轰烈烈的购物潮。阿里斯提得·布锡考特的创意来自巴黎的一场大雪，他看到屋顶覆盖了很厚的雪，就产生了应该将产品送货上门的想法，他向顾客们承诺："在巴黎，马能到哪里，我们就将货送到哪里。"不仅如此，他还用铁路运输送货："只要购物金额超过25法郎，我们就会通过铁路运输免费送货上门。"他这些创新性的做生意的方法，成为现代商家纷纷效仿的对象。

一系列的商品销售手段随之出现，不仅有免费送给孩子的绘有商场塑像的气球和其他礼物，还有送给女士的鲜花、送给男士的台历，这些几乎都是布锡考特开创的。在巴黎，人们笑称布锡考特是"让美国人嫉妒的法国人"。

第三节　父子并肩前行

> 感到自己在这个世界上是件多余的装饰品，那是很难堪的。活着而又没有目标是可怕的。
>
> ——契诃夫

路易·威登经常造访服饰专柜和配饰柜台，以便跟上时尚的潮流，了解顾客的需求。路易还紧盯着运输业的发展，这个行业的变化让路易觉得行李箱要更方便使用，因为越来越多的人发现大行李箱让他们无法享受旅途的乐趣。

乔治·威登1872年圣诞节从泽西岛完成学业回到家里，当年他16岁。他的父亲路易觉得两年的中学寄宿生活对于儿子的成长已经足够了。家族事业有很多工作需要儿子做，这些工作比在英国继续学贸易和文学更有用处。

1873年1月2日，乔治作为实习生正式走进阿尼埃尔的工厂。在这里乔治做过打理师、细木工、售货员、送货员、收款员等。乔治还和工厂里的几个工人成为朋友，他们教他怎么使用刨子、长刨和锉刀。其实，乔治早已在童年时就很熟悉这些工具了。虽然对木工的活儿没有太多的工作热情，也没有特别

的天分，但是乔治还是很快就达到了炉火纯青的阶段。即使他对工厂的事业有了信心，仍无法忘记艾登学校图书馆里明亮的自习室和宁静的气氛，他很为自己在英国学到的知识自豪，他知道没有多少法国学生可以像他这样有机会去旅行和开阔视野。

乔治离开学校前，他的老师送给他一本狄更斯的书作为一等奖的奖品。乔治本人很希望继续上大学，因为他非常喜欢读书，也希望有一天能从事写作。但是父亲对他另有安排，尽管此时乔治很不愿意，但还是接受了父亲的安排，进入工厂，在父亲时时刻刻的监督下，他学习制作工艺和行李打理的诀窍。乔治在心理上试图说服自己，要把自己所学的知识应用在家族事业上，白天他努力工作，晚上他还是会在自己的房间里如饥似渴地读书。

路易管理公司已有20多年，当他冒着很大的风险把公司从濒临破产的绝境中解救出来时，他已经52岁了。现在，他希望把公司的经营权交给乔治，而自己将准备全身心地投身到箱包新样式的开发和研究中。

实习期间，路易一有机会就把乔治介绍给供货商、客人、与生意有关的人认识。几个月来，路易每次生意上的会晤都会有儿子乔治的陪伴。乔治发现瓦兹省的杨树商都住在巴黎北部塞纳河的某个码头上，他还发现父亲有一条名为"路易·威登"的船以供运输材料。

路易还带着儿子乔治走访了给梳妆用品打包的私人沙

龙、制作连衣裙的制衣间、高级时装的制作室，这些都让乔治对时尚行业刮目相看。

1873年冬季的某一天，在父亲路易的建议下乔治穿戴整齐，几个小时后，他们来到了和平大街7号，要拜访查尔斯·弗雷德里·沃斯。沃斯的店铺也是从战争中幸存下来的，这个小个子男人走路很快，很有风度，只是感觉有点古怪。他领着父子俩上了楼，对于一个年轻的英国学校毕业的中学生来说，这是一个有点难以读懂的环境：铺有软垫的楼梯通往楼上一间间小隔间，这里分别住着一些年轻可爱的女孩，她们是时装店的模特。

由沃斯裁剪的服装样式，马上会由女孩子们展示给客人。比较有意思的是，有些模特和沃斯最忠实的客人身材很相像，裁剪师依照模特体形初步裁剪，然后用别针固定以体现出衣服的大致样式。模特们窃窃私语，还掺杂着笑骂声。乔治战战兢兢地跟在父亲后面，脚步又轻又慢。终于到了楼道的尽头，这里才是店老板沃斯的工作间，他嘴上叼着铅笔，手捋着胡子，全神贯注地看着画板。擦掉、重画、着色，他裁开样品，选择布料。路易和沃斯都很高兴能再次相见，路易向他介绍自己的儿子，说今后将和儿子一起工作。

路易也认同旅游的服装将是时尚潮流的趋势，这些服装不仅要漂亮，而且要实用，还要适合旅行。沃斯翻开桌上的一些英文报纸，提到一些采用布料、样式和着装建议的文章。

沃斯告诉路易，他正在设计更实用的裙装样式，比如适于旅游、骑马或是散步等更短一些的裙子。

交谈中，沃斯预言今后的服装材料将会更柔软。这个信息对路易非常重要，如果服装变得更柔软，那么它们将更容易折叠，更容易堆放，更容易整理，同样，旅行箱需要能装下更多的东西。沃斯的话预示着行李箱内部的设置和调整需要尽快改善，这样才能适应这个变化。

第四节　柜式行李箱

> 世界上有许多做事有成的人，并不一定是因为他比你会做，而仅仅是因为他比你敢做。
>
> ——培根

1874年8月25日，在阿尼埃尔刚过完38岁生日的艾美丽，迎来了他们的小女儿艾美丽·伊丽莎白，她沿用了妈妈和外婆的名字。伊丽莎白是在凌晨4点出生的，然而53岁的父亲路易·威登在两天之后才看到她，工厂的事情总是最重要的，此时工厂正处于关键时期，离不开自己全力以赴的打理。

伊丽莎白是路易的第4个女儿，艾美丽共为他生了5个孩子，只有乔治一个男孩。伊丽莎白的出生意味着乔治是这个家族事业的唯一继承人，但此时路易要管的不是谁继承的问题，而是应该如何发展公司的问题。

这个秋天，路易想设计一款全新的旅行箱，就像能随身携带的壁橱一样。主人一到住宿地，灯笼袖和由衬架支撑的裙子就要立即能撑开，但是如果衣服变得更柔软，那就完全不一样了，行李箱可以设计得像真正的壁橱一样。像沃斯说的那样，服装因顾客运动量的增加，质地将变得越来越柔软，这也会给威登一家带来很多的生意，因为他在这类衣服上市之前就开始设计制作适用于这类衣物的箱子。

1875年，柜式行李箱再次出现，进入消费者的视野。在此之前的1852年，柜式行李箱在维也纳注册，获得了专利权。当时市场上已经出现了很多款式，但是衬架支撑的裙子、有精细装饰品的或是宽大的裙子都不适于装在这样的箱子里。

在1852年，旅行出行的人相对较少，很多乘火车旅行的人只拿很少的行李，这种柜式行李箱的大小和重量无疑引起了车夫、搬运工人、铁路工人的强烈不满。况且，当时人们的服装也不适合用柜式行李箱，于是，柜式行李箱在这样的历史背景下渐渐退出了人们的视野，也暂时退出了历史舞台。

20年后，沃斯设计的没有衬架支撑物的裙子很快成为当时时装界的流行时尚。这种裙子的出现让人们意识到，一般的箱子不能装这些裙子，只有柜式行李箱才能保证不让裙子变形。柜式行李箱最大的优势就是在于即使你合上行李箱，当箱子压着箱子时，裙子在里面也不会移动，不会揉皱。

就像在最好的裙装店，裙子挂在衣柜式行李箱里，一点褶痕都不会有。巴黎的消费者们很快注意到了这个新款行李箱，在箱子底部还有一层层隔开的空间可以放手绢、手套、领带、衬衣、鞋等零碎物品。

对于爱美的女士而言，再笨重点也没有关系，她们需要这样的行李箱以保证裙子完美。于是，柜式行李箱再次受到人们的青睐，这种行李箱又出现在斯克里布街的一些橱窗里。

当然，路易很快就捕捉到了这个商机，并立即生产这种"过时"的行李箱。在接下来的15年中，路易是少数几个制造这种行李箱的人。直到1890年，还能在路易·威登的店里看到这种畅销全世界的壁柜式行李箱，它有1.35米高，出行的时候只带一个这样的行李箱就足够了。

第五节 首次广告，名噪一时

喷泉的高度不会超过它的源头，一个人的事业也是这样，他的成就决不会超过自己的信念。

——林肯

1875年1月，在乔治的建议下，斯克里布街的路易·威登

商店设置了一个非常华丽的橱窗，里面摆满了行李箱，有些是打开着的，有些是合着的，还有一些以其他姿势摆放着。

不论从哪个角度人们都能看到路易·威登样式各异的行李箱，在卡普西努大街上，或是在邻近的街拐角处，亦或是在对面的便道上，都能看到这些引人注目的行李箱，以至于连大饭店的赶车人都非常好奇。

1875年1月5日，巴黎歌剧院的落成典礼正式举行，这个在1861年就开始的工程历时14年终于竣工。巴黎歌剧院设有220个座位，是世界上最大的抒情歌剧院。设计者将古希腊罗马柱廊、巴洛克等几种建筑物的风格与形式完美结合在一起，这个歌剧院规模宏大、精美细致、金碧辉煌，被誉为是"一座绘画、大理石和金饰交相辉映的剧院"，巴黎歌剧院是法国典型的建筑之一。

巴黎歌剧院让人们期待了14年，当然，一旦它如期向大众开放，必将给这里的商业发展带来极大的影响。路易知道潜在的商业规则，知道争相前往歌剧院的上流社会人士都会走过他的专卖店，他绝不会放弃这个千载难逢的好时机。于是，路易很早就开始策划，在巴黎歌剧院必经的路道口设立广告牌，让经过的每一个人一眼就能看到他的广告，并希望能借助歌剧院让更多的人认识自己的箱子。

1875年1月5日的夜晚，是一个令人难以忘怀的夜晚，当晚总共有2500位观众盛装出席了巴黎歌剧院落成典礼。麦克马洪元帅夫人、西班牙女王伊丽莎白二世、年轻的西班牙国王阿方索十二世和伦敦市长都亲临开幕盛典。这个在当时看来豪华得令人难以想象的建筑物，是由夏尔·加尼埃为逃亡到英国的欧仁妮而建。歌剧院正面立着30根大理石巨柱，主体两侧是卡波的雕塑作品，这一切都令人赞叹不已。加尼埃大胆地要求把歌剧院命名为加尼埃宫，并得到了大多数知情人的认同。开幕典礼的晚上，首先上演的是胡格诺战争中"匕首的祝圣"中的一幕《犹太女人》。

可惜的是建筑师夏尔·加尼埃并没有被邀请到开幕典礼上。但是，他还是不请自来，自己买了三楼包厢的门票。不过在散场时，观众认出了他，并且向他欢呼。第二天，各大报纸的评论文章都为加尼埃蒙受的凌辱鸣不平，有媒体讥讽道：创建人难道不能被邀请出席他自己的建筑作品的落成典礼？

在街道尽头，路易的广告没有白做，1月5日的庆典过后不久，路易就接到了一宗皇室生意：伊丽莎白二世让路易负责她宫廷物品的行李打理，因为年轻的国王阿方索十二世要回马德里。路易带着乔治一同前往他们在巴黎的住所，他又将再一次服务于他喜欢的皇室客人。当然，路易打算好好把握住这个机会，他定制了一批标签，在上面印上路易·威登——旅游用品专卖店，路易·威登——西班牙国王陛下的专业行李打理师。

加尼埃歌剧院的开幕让这个地区的气氛突然发生了非常明显的改变，不仅斯克里布街的顾客越来越多，游客、商人、旅行者、上流社会的人、好奇的人也越来越多。歌剧院不再只是一个观赏演出的地方，也是一个陌生人相遇、熟人相约的场所。

在这里你能看到王室贵族、政客、富豪们摩肩接踵,他们在此谈论政治、谈论着不动产的投机买卖、巴拿马运河……有些富有的巴黎人会在剧院租下一个半年或是一年的包厢,每周他们会根据票价决定观看一到三次演出。但是他们通常不会观看整场演出,就像意大利的礼仪习惯一样,在第二幕入场,结束之前便退场。所以,剧院播放师从来都是把最精彩的部分放在中间播出。

许多商人来加尼埃剧院观看演出,也是为了在这个社交场合有个露面的机会。看完歌剧后,人们通常会去咖啡馆小坐,咖啡馆在19世纪下半叶的巴黎是非常时髦的场所,尤其是很多知识阶层人士的主要生活区域。位于毕加尔广场上著名的"新雅典咖啡馆"就是因印象派画家经常出入而得名,德加的《苦艾酒》就是在这里完成的。

路易时时向22岁的乔治灌输着这些新事物、新规范,教他识别他们的客户群,并了解这些顾客的思维方式、言谈举止和对产品的需求。路易可不是以仆人的标准来定位自己的,他的这些客人与其说是一些他敬仰的权贵,不如更准确地理解为是他效仿的榜样。然而,就在1875年11月5日,乔治应征入伍,不得不暂时离开工厂,开始了为期一年的兵役生活。

随着斯克里布街的繁荣,路易·威登行李箱的声望越来越高,当然也又一次招惹同行嫉妒,尤其是英吉利海峡另一边的人,他们一点也没有料到这个法国人能取得如此大的成绩。

第六节　对手越来越高级

> 好的木材并不在顺境中生长；风越强，树越壮。
>
> ——马里欧特

随着斯克里布街的日益繁荣，路易·威登的声望也迅速提高，当然也招致了很多同行的嫉妒。在海峡的另一端，英国同行就密切注意着路易·威登的一举一动。工业革命首先发生在英国，英国的旅游用品制造业相比法国来讲起步更早。从旅游业一兴起，英国人就开始制造旅游用品。路易·威登梦想着能到英国和对手较量一番，以显示法国制造业的卓越。让旅行箱进军英国，占据英国市场，一直以来都是路易·威登的梦想。这个想法很大胆，也很难实现。英国在旅游用品的制造方面不仅领先，而且口碑很好，很难与之抗衡。此时，路易已经开始谋划让路易·威登专卖店在英伦登陆，开拓国外市场。

路易·威登对英国的同行也保持着警惕，而这些英国同行也很关注他。正当路易计划登陆英国商界的时候，一件更大的阻碍出现在路易面前。此时，英国制造商设计出一款全皮行李箱包，全皮革的质地、纸板支撑以匹敌路易的白杨木行李箱。

这款新包不仅在英国盛行，也风行了整个巴黎。原来，全皮行李箱包采用全皮革质地，具有用料柔软和易于携带的特点，看来英国的同行也想占领法国市场。

全皮行李箱对正处于康复期的路易·威登公司来说冲击不小，而几个月后在各大百货商场橱窗里出现的更轻便的柳条支架的行李箱对路易又是当头一击。这种来自英国的款式是为应对英国制造的纸板和皮革产品的承重能力差而设计的，这些行李箱取名为篮子。先是皮革外观，后改为上光棉质外观，在功能不变的情况下减少了成本。在法国，这种行李箱被称为英国行李箱，这是个有着英式情结的时代，即使不是来自伦敦，也都会用英文标注。比如洗涤店为了招揽英国客人，店门上就用英文写着法国洗衣店。顾客都去光顾英国的皮箱店，路易的箱子就被法国人甩在脑后了。

路易店铺里的顾客越来越少，店面门可罗雀。为了应对这种状况，法国的其他箱包制造厂家纷纷跟风，仿造英国款式，以提高销售量和经济利润。如果路易·威登放下自己的身段去仿制这种平民箱包，无疑只会砸了自己的牌子。

路易对英国的行李箱进行了仔细研究，路易对这款行李箱并不看好，他发现这种柳条款行李箱的质量不好，因为它既不坚固，下雨天也不能保护好衣物，还不能防潮防尘，甚至都不能防盗。防火防尘效果都不好，与路易·威登箱包经久耐用的品质无疑有天壤之别。只不过英国人的行李箱在外观和重量上占据了优势，因此蒙蔽了消费者的眼睛。但是，这样华而不实的箱子是经受不住时间考验的，消费者会在使用的过程中逐渐意识到这个问题的。

以路易的性格是绝不会走这种跟风的道路的，路易·威登公司从不生产这种柳条架构的行李箱，尽管它非常受欢迎，但路易依然不为所动。路易不会去仿制别人的商品，他要的是自己引领时代、引领潮流，让别人成为自己的跟风者。此时，路易再一次表现出了他与生俱来的倔强与坚守，用他独特的方式去应对风起云涌的商业变革。但是，路易的客人中很多是英国人，这些英国客户的流失给路易造成了很大的损失。另一个损失是他丧失了平盖箱的统治地位，此时的平盖箱已经代替了圆顶的箱子。不过，英国人倒是很喜欢这种略微隆起的箱子，伦敦的哈罗德商场把它改制成全新概念的英国版，于1900年重新推出。

自乔治服役以后，路易只能独自面对竞争，在商海中不断打拼。路易将制作工艺更加精致化，对很多部件都进行了改良，比如用皮扣和铜扣取代了铁扣。同时，17世纪和18世纪的制箱工人用箱盖捆绑带的老传统也被路易采用。

尽管经过分析和市场调查，路易找到也找准了自己品牌的发展方向，推出反其道而行的策略，义无反顾地走自己长期坚持的贵族路线，使自己的产品更加精致化。路易不仅在行李箱拼版的接合处用皮革或是铜铁金属薄片包裹，以保护箱子的棱角，还在箱盖内加了绸缎的内饰，并面用菱形图案装饰，在每一交点处配以金钉图案。这样的内饰不仅美观而且实用，它

有助于压紧行李箱中的化妆品，同时能将各种配饰如帽子、胸针、手套等在箱子里固定住。箱子内的带子上通常是海棠色的彩色菱形图案，这和内衬的象牙色形成了对比，箱子里的小抽屉和可拆除的隔板采用的都是路易·威登经典的灰色帆布。

路易·威登严格把关每一道工序，有的款式制作工序繁琐，有的工序多达几百，路易一样认真对待，一丝不苟。经过这样修整后，路易·威登行李箱的内饰显得非常精致，外部是有条纹的浅栗色和红色图案，看起来非常雅致。在那个讲究实用性的时代，与其说路易·威登行李箱是旅游用品，不如说是件实用的家具，没有哪个制箱工人能制出如此精致的行李箱。

路易·威登的产品非常精致，得到了名流权贵的青睐。1875年底，埃及首相向路易定制了一款配有黑铁饰物的摩尔式行李箱。收到箱子后，帕夏非常满意，并成了路易·威登的忠实客户，随后不久又定制了一系列很有特色的箱子。

路易·威登的这些产品一经推出，马上又成了被仿制的对象。但对于这一次的被仿制，路易却颇有几分得意之色。因为此前，他还在考虑要不要仿制别人，而这次换成别人仿制他，这无疑就是一种成功。接着，路易又连续推出了好几款箱包，把英国箱包远远地甩在了后面。

不久后，儿子乔治服役归来。可路易没有给儿子一点休息时间，他安排乔治为18个月后在巴黎举办的新一届世界博览会做全面地准备。这次竞争会非常激烈，路易告诉乔治切不可掉以轻心，重要的是，他想借此机会以他的法式箱包打

败英国同行。

　　值得一提的是，乔治是天生的商业奇才，他的几次投资都非常成功。1876年的12月4日，乔治以400万法郎的资金创立了国际卧车厢公司，公司总部设在布鲁塞尔。比利时的国王利奥波德二世是新公司的第一个股票认购者，车厢经改造后让晚上乘车旅行的游客终于可以睡个好觉了。

第七节　无形的广告"代言"

> 对于不会利用机会的人而言，机会就像波浪般奔向茫茫的大海，或是成为不会孵化的蛋。
>
> ——乔治桑

　　1877年，巴黎的各大报纸头条都在谈论伯爵布拉扎的归来。这位年轻的意大利伯爵出生于罗马，13岁来到法国海军学校学习，之后成为法国军官。他刚刚完成徒步穿越刚果河盆地加蓬河汀流域的原始丛林，热爱冒险的法国人把他当成了英雄。

　　巴黎公众对布拉扎的追捧带有一些民族主义情结，因为美国探险家斯坦利与布拉扎同时宣布了探险非洲的计划，所以布拉扎的探险被视为法国与美国之间的竞争。

布拉扎的探险旅程是一项漫长而又庞大的工程，光行李就装了足足30个大箱子，从刀剑、武器、工具，到服装、坐具、食物、弹药、药物，应有尽有。布拉扎很早就听闻路易·威登的大名，想拜访他并请教行李打理的问题。路易·威登欣然应允，因为这一热点人物与法国最大的行李制造商的会面无疑也会成为巴黎报纸的头条，这会把自己的箱子推向人们的视线。

1878年春，路易和布拉扎约在阿尼埃尔的工厂会面。布拉扎参观了工厂，并向路易讲述了他过去两年的探险活动。路易仔细地听着探险家的每一句话，除了了解几千里以外的原始丛林和各种探险轶事，路易更以商人的精明揣摩着布拉扎的需要。毕竟，这样的拜访不是无缘无故的，路易需要从谈话中了解这位特殊客户的信息，而且越多越好。

最后，路易考虑到他带物资的空间有限，建议布拉扎携带一种小体积的行李床，这方便冒险行动，也有利于最大限度地节省体力。尽管这是一个基本的探险常识，但是对于布拉扎而言，却是一件比较困难的事情。然而，这个事情对路易而言却是一件很简单的事情，简单到路易可以根据布拉扎的实际需要进行量身定做。当然，布拉扎对这个变化颇有兴趣，表现出了前所未有的热情。

路易经过反复设计与修改，一张功能齐全、便捷舒适的行李床出现在布拉扎的眼前。这张床由金属和木头制作，床架上是方格网状的舒适床垫，它易收易放，非常适合长途旅行。布拉扎一看到这个行李床就非常喜欢，毫不犹豫地下了订单。这件热点订购事件，让路易占尽了风头，不仅路易成了成功的销售家，更重要的是，冒险家无形中给路易的箱子进行了广告宣传，用现在的话讲就是起到了形象代言人的作用，极广泛而有效地宣传了路易的产品。

1879年12月27日，萨瓦尼昂·德·布拉扎将开始他的远程探险，并和斯坦利展开竞争，这个竞争吸引了全部媒体的注意，将他们称为"白伯爵和冒险家"。一个是效力于比利时的美国人，一个是效力于法国的意大利人，布拉扎的装备比斯坦利的轻，进程也更快。在刚果河下游区域，行李箱的屡次跌落严重影响了斯坦利的速度，所以几个月后，布拉扎领先。

1880年9月10日，布拉扎再一次逆流而上经奥果韦河到达刚果，和巴特克国王签署了法国作为其保护国的友好条约。历史记载，布拉扎就是坐在路易·威登行李箱上和巴特克国王商讨的协议，无疑，这极大地宣传了路易·威登的箱子，尤其说明这个箱子的轻便提高了冒险家前进的速度。

接着，布拉扎顺刚果河而下到达斯坦利湖。1880年10月3日他在马莱博湖地段建立了一个城市，这个城市也就是后来的布拉扎城。

1878年5月20日，法兰西第三共和国第一任总统麦克马洪将军为巴黎博览会揭幕。博览会在夏约山丘上一个豪华的宫殿里举办。在塞纳河的另一边，两座700平方米的艺术展览中心沿三月广场建立起来，环绕周围的是面积将近10公顷的大花

园。展会历时将近半年，吸引了36个参展国和160万游客。

在这场展览中，法国手工业的声誉一炮打响。成千上万的参观者到此一睹了塞夫尔、戈贝林、博韦的法国手工制作工艺。在旅游和露营用品展示区，路易迎接着一拨拨的客人，这些客人大都来自上流社会，是被政府邀请来参加博览会的。路易的经营战略是不仅让这些人认识自己的品牌，还要让他们把自己的产品与同行的法国制造商和外国的制造商的产品进行比较。他知道这些人希望拥有世界上最好的旅游用品，在他们回顾和比较其他的专卖店后，必然会来选购路易·威登的行李箱。

路易的投资很快有了回报。这一年夏天的某个上午，西班牙的宫廷密使来询问并定制了一套带有包装套和皇室标志的男士邮件行李箱。其实，路易已经为西班牙宫廷供货3年有余。过了几天，阿方索十二世因公事访问巴黎的时候，让人介绍给他认识这位出色的行李箱制作师，他赞赏路易制作的行李箱很轻、内饰也很漂亮，并许诺等他回到马德里后要向路易下一个价值460法郎的订单，这在当时可是一个大数目。这些都为路易·威登箱子做了最好的广告。

Louis Vuitton

第七章　路易·威登的乔治时代

- 第一节　乔治与约瑟芬的相遇
- 第二节　出售路易·威登
- 第三节　远见创造财富
- 第四节　化悲痛为力量
- 第五节　乔治的梦想
- 第六节　父子之争

Louis Vuitton

第一节　乔治与约瑟芬的相遇

> 爱不能单独存在，它的本身并无意义。
> 爱必需付诸步履，步履才能使爱施展。
>
> ——特蕾莎

在博览会召开期间，路易和乔治往返于斯克里布街的专卖店、阿尼埃尔工厂和特罗卡代罗官之间，他们忙碌着产品的销售。

空闲时间，路易对展览中心外面飘动的亨利·吉法尔的气球也很感兴趣，有很多好奇的人挤在这个直径36米的空中庞然大物下观看。8月的天气异常的好，路易·威登登上吊篮，气球升起来后可以看到方圆120公里的景致。路易头一次有如此广阔的视野，这是他唯一的一次空中旅行，他的心情激动不已。

在通往博览会的路上，人们同样会谈论巴黎加莱特磨坊的晚会和赛马场的一些热门轶事。路易和乔治从不出入这些娱乐场所，他们总是从不间断地工作，他们只出席一些竞争商家的晚会，在这样的晚会上，路易结识了来自勒利拉的巴特尔一家。

第七章　路易·威登的乔治时代

巴特尔发明了一种以他的姓命名的烹饪调料，100%纯天然葡萄糖和洋葱萃取精华构成的色料，法国的主妇们极为喜欢这种调料，因为它能即刻让调味汁、肠和腌泡的食物呈现出金黄色，且味美可口。在法国每月都能卖出上万瓶"巴特尔香料"。

巴特尔参加过1862年的伦敦博览会，并和路易交流过各自对英国人的印象。巴特尔认为英国的绝对优势已经不复存在，这对法国工业来说是个好时机。法国很多工业正在崛起，并且在以巨大的潜力和创新力开拓市场，尤其是以好商佳商场为代表的企业，正在以一种全新的理念影响着、改变着人们的生活。

两人的交流非常愉快，也很投机。巴特尔的话让路易看到了希望，也对英国有了一个全新的认识，同时对自己企业的更进一步发展有了自信，两人都有一种相见恨晚的感觉。不过，巴特尔除了进一步了解路易·威登公司的发展情况外，更多的是注意到了乔治。

乔治一直陪在路易的身边，巴特尔很快注意到这个有着高个头、宽肩膀、圆脸庞、金色头发的年轻人。英俊的乔治一句话也没说，只是自己在一旁默默地抽烟，耐心地倾听两位长辈的谈话，这给了巴特尔很好的印象。

巴特尔马上邀请父子俩去他在勒利拉的别墅，详细谈谈相互之间的合作，当然，他把自己的女儿约瑟芬介绍给了他们。当时年仅16岁的约瑟芬一见到这个英俊的少年就喜欢上了他，

同样，当乔治看到约瑟芬的时候，也被她的美貌与活泼所吸引，深深地喜欢上了对方。巴特尔有意把女儿介绍给乔治，所以让约瑟芬陪着乔治玩。

两个年轻人很谈得来，情投意合，并暗生情愫，只不过彼此都不知道父亲怎么看待这个问题。此后，在博览会期间，乔治不断约约瑟芬出去看各种展览，也带她去前布洛涅森林公园散散步、聊天、谈心，乔治想借机接近、了解这个美丽的女子。临近博览会的尾声，乔治向约瑟芬许诺，如果父亲同意，他会娶她做妻子，并极力要求父亲答应自己的请求。约瑟芬通过父亲那里知道乔治的父亲是巴黎最有名的行李箱制造师，乔治肩负着家族事业的重担，这更增加了自己对乔治的喜爱。

1962年10月22日，在一阵欢呼声中，总统麦克马洪向法国参展者致贺词：天才肖像画家纳达尔被授予金奖。然而路易·威登公司却没有被给予任何奖赏。尽管在博览会上这对疲惫的父子没有获得任何奖励，但这届博览会为他们带来了大量的客人，并提升了他们在奢侈品行业的世界排名，能达到这个目的路易也感到非常的欣慰。其实，最高兴的还是乔治，他认识了约瑟芬，一个自己生命中最重要的女子。

路易很满意这6个月来儿子的表现，特别是他在生意上表现出的能力，这让路易感到自己后继有人了，公司的进一步发展大有希望。博览会结束后，路易没有给儿子任何表扬的话，只是让他今后负责管理专卖店的生意。

乔治是一个不爱表达自己感情的人，也不太会用语言表达

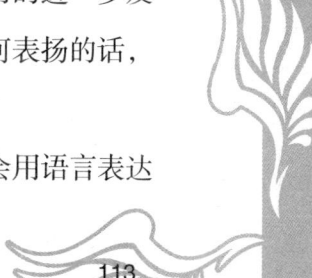

感激之情，但是所有的一切他都记在心里。只有当乔治和工厂的工人在一起时，他会表现出不一样的活力，乔治会积极地和他们聊天，了解工作情况，还会适时地表扬他们，这时，他才显得不那么内向。

1878年底，路易觉察到阿尼埃尔工厂有些沉寂，他再一次将全部精力投入到新款式的设计和制作工作上。乔治全面负责起斯克里布街专卖店的管理，这份新职务让他很少有时间去看约瑟芬，他把那份爱深深地埋藏在心里，而作为女孩子的约瑟芬又不好意思主动约乔治，这可急坏了这个情窦初开的小姑娘。

巴特尔把一切都看在眼里，当他第一眼看到乔治的时候，就已经把乔治当作他最理想的女婿人选，他不愿意就这样放弃这个机会，否则，当初他也不会有意把女儿介绍给乔治。女儿对乔治非常有好感，看得出自己推荐的这个女婿女儿是非常喜欢的，尽管约瑟芬没有说出来。于是，巴特尔作为父亲，不断邀请乔治前来做客，给两个年轻人制造更多接触的机会，让他们彼此多了解。

巴特尔坚持让两个年轻人多来往，乔治带约瑟芬去布洛涅森林公园划船，边划边向她描述自己对划船的热情，自己在塞纳河上取得的成绩，以及那些留学的事情，还有自己在工厂的那些事情。每当这时，约瑟芬都全神贯注地听着那些美好的故事。

乔治还跟约瑟芬讲自己读过的一些书，儒勒·凡尔纳书中

的英雄和自己对旅游的热情，他谈到英国，以及想返回英国的愿望，不过这次是为了和竞争对手一决高低。乔治讲的时候非常激动，以至于需要约瑟芬时不时平抚他。这引来了身边经过的小船的好奇，他们纷纷看着这对年轻的小情侣，害得乔治和约瑟芬的船差点被撞翻。这个下午过后，乔治送约瑟芬回家，并被她的父亲留下来用了晚餐。此时，他还不知道来自西班牙国王阿方索十二世的订单也到了店中。

路易也非常喜欢约瑟芬，在第一次看到约瑟芬的时候，路易就很喜欢她。只不过，他当时还没能把握巴特尔的意思，对于乔治和约瑟芬的交往，路易看在眼里、记在心里，默默地关注着这两个孩子的动向。

乔治和约瑟芬交往了几个星期后，发觉自己已经深深地爱上了这个美丽的女子，已经离不开这个女子了，乔治希望能娶她回家。乔治向父亲表明了自己的想法，希望父亲能同意自己娶约瑟芬做妻子。路易同意了儿子的请求，毕竟，婚姻需要自己做主才能幸福，就像当初自己和艾美丽一样。

乔治终于向约瑟芬求婚，巴特尔终于如愿以偿地将女儿嫁入威登家。1879年的夏天两人举行订婚仪式，订婚午宴在勒利拉巴特尔家豪华的别墅里举行，之后双方将婚礼定于第二年的11月举行。

威登一家沉浸在喜悦中，但不久家里就发生了一件悲伤的事情，乔治最小的年仅4岁的妹妹艾美丽·伊丽莎白在这一年的年初夭折。

第二节　出售路易·威登

> 对于一只盲目航行的船来说，所有的风都是逆风。
>
> ——法国·哈伯特

1880年，路易已经是一位60岁的老人，他开始考虑公司的未来。迄今为止路易工作了近半个世纪，他希望这个以他的名字命名的事业能充满活力地继续在国际时尚市场上流行。

此时，路易认为要想让公司持续发展下去，应该进行改革重组。在妻子艾美丽的鼓励下，路易做出了一个重要的决定：让乔治继承公司，并且给予他一笔迎娶巴特尔继承人的资产。

1880年11月3日，在婚礼前两天，巴黎的公证人德洛内接待了路易·威登夫妇和他们的儿子乔治，路易夫妇二人签署了营业资产和租赁契约出售给儿子的公证文件，并附有客人的名单以及斯克里布街所有商品的名单。

营业资产和租赁契约的价格是6万法郎，这对于年仅23岁的乔治来说不太可能拿得出，不过路易已经为此作了安排。其中的3万法郎作为路易夫妇送给儿子乔治结婚成家的钱，这样乔治就只需想办法付清另一半就可以了。

但是，3万法郎对于一个工作了8年只领取薪水的年轻人来说，还是件很困难的事。不过路易为此也已想好了解决办法，在文件签署后的8天内乔治先支付1.5万法郎，没有利息，剩下的1.5万法郎在下一年的11月1日前结清。

1880年11月3日，路易·威登为了公司的持续发展、姓名传承和儿子的未来，他转让出了公司的营业资产。在这份资产出售的公证文件中，乔治·威登要求补充一个规定，那就是禁止父母在现有资产所在地的方圆一公里内建另一处旅游用品公司或工厂。这一不竞争条文在今天的买卖契约中是常见的，然而在19世纪80年代父子的契约中却是很少见到的，可见乔治所具有的商业智慧。

回到阿尼埃尔，路易、艾美丽和儿子乔治一起举杯祝愿路易·威登公司在新的拥有者的管理下顺利发展。乔治·威登一直没有忘记那一天，在后来的家族年代纪事中，他这样记着："1880年，乔治·威登接管公司，成为公司新的拥有者。"然而，此时的路易并没有要退任的意思。

两天后，约瑟芬·巴特尔改名为约瑟芬·威登。在公证书上，路易·威登的职业栏中写的是"行李打理师"，乔治的职业栏中写的是"旅游用品制造商"。很多亲友来参加结婚典礼，他们都送上了最真挚的祝福。

婚礼后的第二天，年轻的夫妇就投入了工作，约瑟芬帮乔治在店中照料，乔治在阿尼埃尔专注于制作工艺。1872年开始的地区重建和改造工程还在继续，23岁的乔治和父亲一同管理

着公司，公司的发展有了一个飞跃。

此时，路易·威登一家加建了一个厂房，因为他们意识到这是一个多元化的时期，需要投入一种新的产品项目，才能让公司发展得更好。

以前，路易·威登一直生产皮革制品，例如皮包、皮革行李箱等。自1880年公司移交给儿子管理后，路易就有了更多的时间专心研究设计和制作工艺。这两个前提条件促成了一个专门的皮件制作厂的建立。

第三节　远见创造财富

丧失远见的人不是那些没有达到目标的人们，而往往是从目标旁溜过去的人们。

——拉罗什富科

1880年，路易·威登在《工业家杂志》《赛马》《新闻邮报》《画刊》《巴黎品位》等50多种报纸杂志上做了广告，这些宣传让路易·威登的品牌知名度提升了不少。路易可谓是奢侈品牌商做广告的先驱，开创了奢侈品打广告的先河。

广告业已经在悄无声息地升起，并在很大程度上影响着一个公司和企业的发展。路易对此有很深的认识，但是，是否有

必要在报纸上花那么多钱做宣传，一家人产生了严重的分歧。

广告宣传早在19世纪30年代就以宣传单的方式出现了。1836年，在埃米尔·吉拉尔丹创建第一份政论性的报纸之后不久，报纸上就出现了一些商品宣传，他比其他人都更早知道有了广告，报纸就可以卖得更便宜。1840年，广告的方式更是多种多样，商标图案、扑克牌、折扇等。之后，他们还印刷有插图的广告宣传单在书店分发，书商也会在报纸上登载宣传目录。1870年前后，各大商场的广告已经遍布巴黎。

1880年初，路易注意到消费者的数量激增，而媒体可以最大限度地接触到人群。尽管语言的描述和真实的形象有着差别，广告宣传语也有些夸张，路易还是很快从广告宣传单页中获得收益。路易发现杂志的随刊手册可以作为一新的宣传方式，这让更多的人认识了自己的行李箱，还可以有别于其他竞争对手，得到市场认可。

路易加强在报纸上的宣传力度，让人们在看报纸的时候随时都能够看到路易·威登的广告，并让路易·威登这个品牌第一时间进入人们的视野，这就是我们今天随处看到的被大众接受的广告。除此之外，路易还借各种展览会积极宣传自己的牌子，扩大产品的知名度。

路易曾在机动车展会上给路易·威登箱包做了一个精彩的广告词："赢得奖杯的机车配有路易·威登行李箱。路易·威登专卖店在巴黎斯克里布街1号、尼斯公园街4号、伦敦牛津街149号。"就这样，广告把路易·威登的牌子和销售地址及时

宣传出去，让来参加机动车的人一下子就知道了路易·威登。

路易是一个非常精明的商人，做任何事情总能走在别人的前面，引领着时代的发展，开拓了一个又一个商业活动领域。路易尝到了甜头，这也被其他商家看在眼里，于是，很快其他的专卖店也相继效仿路易的做法，渐渐地可以看到各种商品的宣传，如房地产、演出、饮品，还有铁路运输等，它们如同雨后的春笋，一时间遍地盛开。

可以说，路易对广告业的发展和推广起到了不可估量的作用。今天，我们所看到的各种广告宣传，就是在路易广告的影响和推动下大力发展起来的。

第四节　化悲痛为力量

> 极度的痛苦才是精神的最后解放者，惟有此种痛苦，才强迫我们大彻大悟。
>
> ——尼采

乔治四处奔波寻找各种机会招揽客人，然而他的热情在1882年2月7日这一天被挫伤，他不满6个月的女儿夭折了。在父亲的陪伴下，他要公布女儿的死讯。

艾美丽想帮助儿子和儿媳渡过这个难关，但是她自己也很

虚弱，她的健康状况丝毫没有改善。到了夏天她的体力越来越不支，而秋天她更是长卧在床。1882年11月5日，路易含着眼泪看护了她最后一晚，6日清晨4点，艾美丽永远闭上了双眼。路易悲痛欲绝，抓着妻子的手久久不放。

路易让乔治去办理死亡手续，而他自己已经没有勇气去面对了。在女儿死后9个月，乔治再一次走向身份登记处证明母亲的死亡。

接连两位亲人的离去让乔治痛苦万分，他忘我地投入到工作中。他在日记中这样写着："我拼命工作，往返于家和公司间，没有一点娱乐时间。"这一刻起，父子俩比以往任何时候都更加需要彼此支持，被同情和怜悯绝不是这个家庭的风格，他们回忆起艾美丽即使在最难的时候也要坚定自信的忠告。

第二年年初，家里又传来了约瑟芬怀孕的喜讯。路易继续着阿尼埃尔的工作，大量的订单也都按时、高质量地完成。路易接到老客人哈蒂夫·伊斯梅埃尔一个非常特别的订单，制作一个带有3个底架的皮箱，自从苏伊士运河开通以来，哈蒂夫就一直是路易·威登的忠实客人。

1883年1月30日，小卡斯顿·路易·威登降生在阿尼埃尔彗星街15号，之后他一直住在这里。路易·威登对他第一个小孙子的出生记忆很深刻，因为这一天，一位东京政府官员给他下了一个特别的订单。乔治亲自接待了这位客人，他非常高兴日本人对法国的行李箱感兴趣。

第七章 路易·威登的乔治时代

第五节 乔治的梦想

> 要及时掌握梦想，因为梦想一死，生命就如一只羽翼受创的小鸟，无法飞翔。
>
> ——兰斯顿·休斯

1883年6月5日，路易和乔治从广告上获悉一辆快速火车将穿越欧洲东西方。这个后来被更名为"东方特快"的铁路豪华旅馆，正是国际卧铺车公司筹划的。

在这次开幕式之后，内格尔梅柯又做了一次广告，宣传"巴黎——伊斯坦布尔"首条豪华线路将于1883年10月开通。与此同时，路易完成了埃及首相定制的3个行李箱和西班牙国王阿方索七世的邮件行李箱的制作。10月初，他和乔治奔赴东站，像所有铁路冒险家一样，他要亲身体验这次长达6500公里、历时两周的豪华特快列车的旅程。

在站台上，路易观察着旅行的人，有管理者、铁路工程师和政府要人，他们都戴着礼帽和手套，穿着深色服装。路易和乔治知道这些都是他们的客人，或是潜在的客人。有些客人路易认识，他们互相握手，路易向他们介绍自己的儿子。

回到斯克里布大街，乔治很受打击，"东方特快"如同一把打开他内心深处大门的钥匙，他也想离开法国去国外生活，不再只做路易·威登的儿子，他想成为他自己。约瑟芬给予了他很大鼓励，他梦想着建立自己的公司，但是这不可能，于是他想到在国外经营威登事业。英国是他脑海中的理想国度，英国人的竞争对路易·威登品牌造成的威胁他一直深有体会。

10年来不只是父亲和他提起，他自己也总是觉得蒙受了凌辱。他想离开法国，法国不再对他有吸引力了，他想去大英帝国的中心，在那儿他可以自己决定一切，不论是工业上的、政治上的，还是文化上的。那儿有全世界最好的行李制造师，在那儿他可以以自己的名字创建自己的帝国。他在寻找自己的人生，移居国外可以达成这一切。英国的行李箱享誉世界，他把这种优势归结为英国的土壤，他也想在那里拥有这一切。但是怎样才能获得父亲的许可呢？

1884年5月，乔治去找父亲，他巧妙地向父亲解释现在斯克里布街的店面变得越来越小，应该考虑扩大，但不要在法国本土实施扩建，考虑在国外的发展才是明智之举。他还解释道10年前投放的皮件生意进展得也还顺利，现在应该考虑把路易·威登皮包和行李箱卖到国外，他建议在竞争对手的领土上迎击敌人。

路易拒绝了乔治的建议，这让乔治感到很失望，以至于乔治非常生气，父子俩有好几个星期都不说话。路易的拒绝是明确的，63岁的路易把资产卖给了儿子不是为了4年后让他抛弃自己另立门户，而是要他继承自己的事业，在自己事业的基础上发扬光大。

父子两个人的立场完全对立，乔治认为父亲不信任他，不了解未来的发展趋势；路易则根本不留商量的余地，并暗示乔治，他不能容忍背叛。

第六节　父子之争

> 希望与忧虑是分不开的，从来没有无希望的忧虑，也没有无忧虑的希望。
> 　　　　　　　　　　——拉罗什夫科

乔治在斯克里布街接待了夏尔·尼埃的造访，他想定制行李箱，这位建筑师已经有一段时间往返于巴黎和尼斯之间了。

在尼斯，夏尔·尼埃和古斯塔夫·埃菲尔一起建了高达372米的本国的第一个气象台。巴黎歌剧院开幕使他的设计灵感被猛烈激发，从而让他设计了蒙特卡洛的赌场，这个建筑一直让他引以自豪。

路易试图抚慰儿子，把他带入自己的工作中。此时，他正经手一些特别的订单，如尼埃的订单。然而和儿子的激烈争吵让他很不安，尤其这场争吵让路易得出了一个可怕的结论：路易·威登公司依旧需要他。他觉得儿子是想建立威登专卖店，而不是路易·威登专卖店，这绝对不行。他看到一些工人在被老板批评后扔下手上的工具离开公司，他看到一些不正直的工头在学会了所有的制作技能后做起了自己的买卖。他本应该教训一下埃米尔·哈贝克，这个家伙曾经管理过分公司，他后来竟试图用这个名字自己开店挣钱，而现在轮到了自己的儿子乔治。

乔治梦想离开这艘大船，去伦敦建立一家"乔治·威登"，他还说"斯克里布店面太狭小……"这可是玛德琳娜街最漂亮的地方，11.5米的橱窗对着巴黎最奢华的酒店，每天迎接着来自全世界的游客，他完全忘了自己父亲这30年来的辛勤工作。其实，乔治是不想在这个以他父亲名字命名的公司工作，他也想像父亲那样开创属于自己的公司，开创自己的事业，不想永远生活在父亲的阴影下。

此时此刻，路易特别想念艾美丽，他决定继续把精力投入到创造、反思、控制和管理中。公司的未来还要靠他，而且公司的名字将一直是路易·威登，绝不会是什么乔治·威登、威登或是小威登。于是，有一个问题一直困扰着他，怎么防止儿子在自己死后更改公司名字呢？路易需要思考这个问题，这不仅仅涉及到他自己，还涉及到路易·威登品牌在世界上存在和延续的时间问题，路易·威登这个品牌不能容忍这样的事情发生。

在阿尼埃尔工厂，父子的冷战在工人中传开了，大家都知道乔治想去伦敦发展自己的事业。一段时间后，乔治找到他的父亲寻求和解，建议在继续管理斯克里布日常事务的同时，也

开展在英国的业务。路易的回答依旧是毋庸置疑的否定，他要坚决地制止乔治的这种做法。乔治早料到了父亲的拒绝，他表明自己前往的决心，他不怕远行，循规蹈矩的生活他过够了。

接下来几天的激烈争论，使路易意识到儿子要在英国一展身手的执拗态度。不过他想，应该给予乔治一个机会，如果此次乔治失败了，那就很容易让他回心转意，从此一心一意发展公司，继承自己的事业。父子两人对这个疯狂的计划商讨了一番，因为到目前为止，还没有一个法国人有胆量在伦敦开旅游用品店。

1884年春天的每一个夜晚，父亲和儿子都会在阿尼埃尔客厅的饭桌旁商议此事。乔治每次都激动不已，他已经开始设计威登专卖店的门面规模，路易则严肃地纠正应该是路易·威登专卖店，而不是其他。乔治认为，此次英国创业想要获得成功，只有一个办法，那就是要造出声势，在临近火车站的地方建一家漂亮的店铺，这样可以吸引刚抵达的旅客。

父亲和乔治的想法不一样，父亲提到要谨慎，千万不要触怒英国人，也不要和他们对着干，否则，很难在英国立足，更不要说打开销售局面了。路易坚持自己的意见，并让乔治听从自己的主张，告诉他这样做的理由和结果，并强调如果不这样做这个店将很难开展工作。最后父子二人达成共识，乔治先前往探路，尽快选址，后续工作再不断跟上。

离开前，父亲最后用大旅行家爱德蒙名的话告诫乔治："你不是在城市闲逛，你是在穿越一个国家。"路易叮嘱他在

火车站附近选址的同时，要首先选择最繁华的商业街，然后选择最好的区。

当时，在伦敦有超过150个铁路车站。在西南区，每天有700辆火车经过，载着成千上万的旅客，这些旅客都是他们的潜在顾客。乔治漫不经心地听着父亲的嘱咐，思忖着那边的房租、面积、承包商的选用、要面临的工程等。这不是乔治梦想中的伦敦，对乔治来说，伦敦就意味着英国贵族、商人、旅行者、绅士、富人。他要让自己尽快被英国的上流社会接纳，让自己的专卖店走进他们的生活，走进他们的世界。

早上，路易送乔治去火车站，这趟旅行的行程将有33个小时，乔治要先乘火车到加莱，然后乘船到多佛尔，最后乘马车到伦敦。27岁的乔治急不可耐地想要投入他离开了12年的英国，这个国度给予了他无限的期待，他只想独立。

Louis Vuitton

第八章　国际化发展道路

■ 第一节　第一家国外分店

■ 第二节　质疑与认可同在

■ 第三节　路易·威登商标诞生

■ 第四节　商人的节奏

■ 第五节　世博情结

Louis Vuitton

第一节　第一家国外分店

> 失败固然痛苦，但更糟糕的是从未去尝试。
> ——西奥多·罗斯福

乔治达到伦敦后，经过多方勘察，在伦敦牛津大街上选定了第一家国外分店的店址，这是一条2.4公里长的街道。

虽然牛津大街后来发展为英国乃至世界上最为繁华时尚的街道，但在当时，这只是一条略微有些破落的大街，是伦敦城区通往郊区的主干道。那里艺术氛围浓厚，许多年轻艺术家穿着奇装异服、戴着瓜皮帽来这里"逛马路"，乔治非常欣赏这种标新立异的风格。

乔治在签署了租房协议后返回家把喜讯告诉了路易，乔治非常兴奋，毕竟，这意味着他离自己的梦想越来越近。但路易却显得有些冷淡，甚至埋怨乔治为什么这么急迫地决定了在伦敦第一家店铺的地址，至少应该发个电报提前告知或者商量一下，为什么没有听从自己把店址选在火车站附近的意见。

对于老父亲的抱怨和指责，乔治没有再像以前那样和父亲针锋相对，只是虚应几句。路易在抱怨过后，面对这个现实只有欣然接受了，因为现在毁约自己要付出很大的代价，更重要

第八章　国际化发展道路

的因素在于，乔治作为自己培养的接班人，有权利处理这些事情，何况，自己已经把这件事情全权交给乔治办理，那就应该充分信任乔治的战略眼光。

1885年5月1日，雾都伦敦上空乌云弥漫，这让人的情绪也有一丝低沉。可在牛津街289号上空却飘扬着一面法国三色旗。红蓝白三色在这个阴郁的早晨显得格外清新鲜艳，甚至有些刺眼。旗帜下面是一个灯火透亮的橱窗，橱窗里的布景让英国人有点惊讶：地上铺满沙子，沙地周围环绕着富有异国情调的树木，其中一棵树旁是一张貌似殖民地军官使用的行李床，展开的鬃毛弹簧床上有一个蜡像，穿着法国轻骑兵的军装。这样的店铺开在伦敦，对于英国的同行商人来说，无疑是一个赤裸裸的挑衅。

人们挤破脑袋想要看看这场商业活动的发起人到底是谁，谁有这样的本事敢这样挑衅。路易·威登，一个法国行李制造商，居然敢藐视伦敦的行李制造商！当天的开幕典礼就像一个角逐场，人们蜂拥而至，各大媒体也纷纷前来报道。在第二天的伦敦各大媒体的头条上，到处都充满了对这个敢在牛津街上开店的法国行李制造商的大肆评论，各种批评、谩骂、不满、指责如潮水般涌来，甚至还险些引发了政治事件。

看到这样的局面，乔治非常高兴，他一直在构想如何在开店当天让路易·威登一举成名，现在媒体的过度关注达到了他的目的。乔治不愿用四平八稳的手法来达到他的目的，而是以这种非常规的方式吸引别人的注意。事实证明，乔治成功了，

他向父亲发电报告诉他这个好消息。与此同时，乔治又有些害怕了，他怕引起争端，觉得应该改变一下橱窗的布置，不要太冒险，更不要得罪了这些本地人，毕竟生意要长做，他不想因此得罪未来的英国客人。

当乔治把这个想法告诉父亲的时候，路易的态度却来了个180度的大转变，他坚持让乔治把橱窗布置的形象一直保留，别出心裁的法国轻骑兵形象将会吸引客人而不是疏远客人。乔治顺从了父亲的意思，连续几个星期，路易·威登的英国店铺持续保持着眼球效应。但是，效应虽然很好，但真正购买商品的却也只有少数人。但无论如何，路易·威登以这种方式在英国开场算是成功了，因为这让很多英国人都知道了路易·威登。

尽管开在伦敦的路易·威登店铺有一个良好的开局，但这里的销售量却没有增加。无疑，英国人对这一新事物的好奇远胜过对它的认同。为了增加人手，年轻的约瑟芬也来到伦敦帮助乔治全面打开伦敦的市场。

约瑟芬到了伦敦后，为了提高销量、开拓客源，她想尽各种办法。她以女性特有的直觉与细心向购买的客人提出建议，如果他们对在路易·威登店里购买的产品感到满意，那么能否请他们写一封感谢信，谈谈自己的感想，哪怕仅仅是一些零碎的只言片语，路易·威登店也会因此而感到非常荣幸。在约瑟芬的积极努力下，店里陆陆续续收到一些顾客的感谢信。乔治把这些感谢信当成最好的广告，放在精美的册子里面，经常把信展示给那些犹豫不决的顾客。渐渐地，伦敦店的销量有了一些提升。

乔治夫妇在全面开拓销售方面做了很大的努力，但这一时期的营业状况仍然是入不敷出，导致这个现象的根源在于一种认同度。因为，在这个世纪之初，英国人凭借天分和工艺从事旅游用品的制造，并且让那些在意产品牢固性的客人很是信服。在这个旅游用品享有盛名的国度，旅游业已经取得了很大的成就，路易·威登要战胜的不仅仅是英国的制造商，更是他们久负盛名的声誉，只有战胜这个声誉，路易·威登才能在这里立足，打开市场。可见，在这里的竞争将会非常残酷，并不是当初乔治想象的那样简单。

伦敦店生意清淡，销售业绩并不好，每个月都亏钱，这让伦敦店的处境雪上加霜。伦敦店的投入实在是太多了，路易开始发现这个店发展下去只会亏本，渐渐地对乔治这个"砸钱计划"失去了信心。每当父子二人谈到这个话题的时候都会发生争吵，路易甚至开始对儿子当初的计划感到愤怒，当初如果不这么草率就可能是另一种结果。乔治与路易的关系又逐渐闹僵了，唯一能够让路易感到宽慰的是路易·威登在法国本土的业绩节节攀升，这在一定程度上缓解了他的经济压力。

而在法国本土，旅游业正发展得红红火火。殖民地的开拓使路易·威登发明的行李床畅销世界各地，法国的赢利在一定程度上弥补了英国的损失。这一年，乔治往返于伦敦和巴黎，长途颠簸常常让他精疲力竭，但乔治坚信自己的店铺必定会取得成功。凭着这个信念，他坚持了下来，他要创造自己的奇迹，证明给父亲看，也证明自己的价值。

乔治对于商业的野心远远不止如此，他甚至准备去美国开一家分店，因为在这期间，美国的行李箱包和旅游用品制造业也有了很大的发展。但是，美国对本国的制造业采取了保护政策，用各种海关条约和禁令来限制国外产品的进口。同时，乔治调查发现，美国的旅游用品制造业虽然发展迅速，但大多数产品都是来自法国的仿制品。

乔治曾在日记里这样评论美国的旅游用品制造业："舆论评判说是美国人的天分和创造力，使旅游产品的发展逐渐呈现出了完美。但美国的这类工业市场，先是羞涩，之后是完全自由，大胆仿制法国的产品。"所以，把分店开到美国，直接与美国的制造商展开竞争，继而占领美国市场，成了乔治的梦想。但是如今，他还只能把这个梦想深埋在心里，由于伦敦店铺的不成功，他还不能信心满满地跟老路易提及这件事。

路易·威登在伦敦的分店，已经开业两年，经营状况却没有丝毫起色，赢利就更谈不到了。路易产生了关掉它的念头，乔治请求父亲再坚持一段时间，相信他的眼光和判断力，他坚信伦敦店的未来会前程似锦。乔治向父亲解释：英国箱包虽然在市场上大行其道、非常流行，可这种针对普通大众的平民箱包丝毫满足不了上层社会的需求，而这个任务正等待路易·威登来完成。

后来，乔治的儿子卡斯顿·威登在父亲乔治丧礼的第二天曾这样总结父亲在伦敦的事业："20年来他对伦敦的事业尽心竭力，在那儿耗费了大量的时间和金钱，虽然每年都在亏空，但是他还是固执、顽强地坚持着，抗争着。"因为他的固执，因为他想成为出色的商人，他掉进了一个无底洞。

两年都不见起色的伦敦路易·威登店，让路易越来越没有信心。他希望马上关掉它，以避免继续向其投资，但在乔治的坚持下伦敦店依然保持着正常营业。路易希望尽快有结果，他的目的不是打倒英国的竞争对手，而是在世界商品市场上树立路易·威登的品牌。为此，还需要创新产品，推出市场上最好的产品，让产品畅销。

英国人会制造实用的、耐用的产品，在制造高级旅游用品方面并不在行，乔治应该让海峡彼岸的人明白这一点。

1887年6月，乔治来到勒阿弗尔，参加在那里举行的国际航海展览会，他代表父亲出席了展会，因为66岁的路易经不住长途旅行的颠簸。展会期间乔治发现行李床依旧是最受欢迎的展品，路易·威登公司的工作人员抓住每个机会向观众们介绍这款行李床，说明它就是探险家萨瓦尼昂·德·布拉扎在他的宿营地用的威登行李床。

有记者在《勒阿弗尔——展览会》中写道："从奥尔良港口的码头上进入博览会，参观者一眼就可以看到在钟的左边有一个让旅行人无比享受、全身心放松地躺着的、有干净床单的宿营床，这个床可以折叠成一个便携式行李箱，里面还有空间放一些衣物。"在勒阿弗尔国际航海展览会，路易·威登的实用箱子一鸣惊人。

很多公司都在寻求有声望的艺术家来为自己的产品代言，想把这些人的名字和他们的产品联系在一起，比如画家、上釉工人、装饰家、雕刻家等，那么路易·威登找寻的就是技术，永不停息的创新技术，这是公司发展和取胜的法宝。《勒阿弗尔——展览会》杂志评论说："与其他向公众和评审会展示的带来殊荣的产品不同，法国行李师展出的是能让人们立即从巴黎或是伦敦的店中买到并使用的行李箱、皮包、手提箱。"专栏作家则写道："作为'真正的艺术品'，路易·威登行李箱独创性的最好证明就是在国外他引起大量的仿制，尤其是在美国。"

这次展览会，路易·威登公司获得了极大的成功，工作人员极为有效地宣传了行李箱。记者们曾描述，有些国家把一些"以拙劣的手艺制造的路易·威登行李箱赝品"投放市场。

这次展会获得的成功对于即将再次穿越英吉利海峡、面对伦敦各种难题的乔治来说，算是小小的补偿。又过了两年，伦敦分店的经营状况仍然没有起色。在路易的一再坚持下，乔治终于决定重新选择伦敦店铺的地址。老路易的要求很明确，把店铺搬到火车站附近——就像路易·威登最初发迹的选址一样。

乔治虽然百般不情愿，但也没有办法，因为店铺日常运营的庞大资金还得由父亲支持。为了使这个店铺不至于中途夭折，乔治只能听命于父亲，不过他对伦敦店铺还是很有信心的，他认为应该在伦敦店铺上下长期的赌注。毕竟路易·威登已经在法国市场上站稳了脚跟，而伦敦则是他们开辟国外市场的第一步，这一步至关重要，绝不能知难而退。

1889年12月1日，路易·威登在富有的特拉法加区454号有了一个新店面，就这样，在英国的商店落脚在了伦敦城最美的市区中心。店面要扩张，因为这个地区商业环境更奢华，还面对着火车站。曾有人用"奢华""精致"这样的词语来描述这条街，"街道很宽阔，奢华的专卖店遍布四周，尽管不如巴黎的专卖店那么精致高雅，但是有着一派富贵、阔绰的氛围。从街上版画商的橱窗里可以看到英国杰出的雕刻作品……"

对于路易起的"路易·威登旅行箱商店"店名，乔治不是很喜欢。路易对这次搬迁也比较满意，火车站的地理位置可以带来源源不断的客流，并且保证了与法国大陆的联系。但是路易也有点生气，觉得儿子不够精明，因为对于这么小的店铺而言，这里的租金实在是太高了。可是也没有办法，为了能够开拓英国市场，只能付出这么高昂的代价了。

当乔治把开业典礼的电报发给路易时，路易嘟囔着："快到年底了，又要再一次给伦敦的经营注入资金了。"

第二节　质疑与认可同在

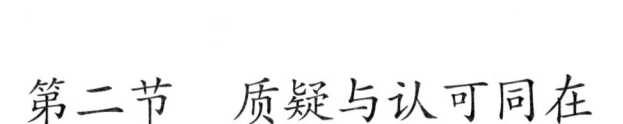

不停地用心工作，就会成功。

——查尔斯·修瓦夫

斯克里布街的信箱总是盛满了赞扬路易·威登皮箱质量的信。这些信函没有什么文学修辞，但是通过里面记载的客人的游历，很好地反映了这时期旅游业的规模。如下面这封寄于1887年6月11日的信：

亲爱的威登先生，我在此高兴地告诉您，装满物品的威登行李箱完好无损地抵达了目的地。我去年10月离开巴黎，带着两个您制作的行李箱途经了奥地利、俄罗斯、土耳其、埃及、印度、中国和日本，横跨了太平洋到达了旧金山，然后坐火车穿越了美国大陆，最后抵达纽约。您制作的行李箱在整个旅途搬运中没有任何损坏，如果我要再做一次这样的旅行，我一定还会向您定制这样的行李箱。谨向您表达我的感激之情。

两个月后，1887年8月15日乔治也收到了一封特别的感谢信：

亲爱的威登先生，我禁不住给您写信表达我对它的满意。不仅是因为它从巴黎启程途径意大利、瑞士、德国、法国、英国，穿越了大洋，经受住了长途跋涉，而且还承受住了行李工粗暴的搬运。除了在旅行中被弄脏了，行李箱还和我买它那天的状况一样完好。这比我以前买的、比它贵了好几倍的行李箱好得多，相比来说，那些行李箱真是根本不值得再保留。向您表达我的敬意。

E.H.K

以后当乔治要说服客人接受他的价格时，他就拿出这封信。确实，路易·威登因价格而遭到很多非议。例如，女士们首选的110厘米的放裙装的行李箱售价215法郎。这个数额在那个年代是比较贵的，这一点路易·威登公司也承认。

10年后，乔治将这封信登载于一本产品手册上。为了让那些抱怀疑态度的到访者信服，他让使用过的客人发表言论。这在市场经营中是很成功的做法，让顾客以身说法，比任何推销的效果都要好。

第三节　路易·威登商标诞生

> 不做什么决定的意志不是现实的意志；
> 无性格的人从来不做出决定。
> ——黑格尔

乔治刚到巴黎就被眼前的一幕惊呆了，在与斯克里布街不过300米距离的圣托诺雷街，有一款米色和栗色条纹相间的行李箱，摆放在戈雅店铺橱窗的明显位置。

乔治一眼就认出这个行李箱又是路易·威登的仿制品，而且还这样嚣张。这让乔治十分生气，以前的仿制品还算偷偷摸摸、小打小闹，这次简直就是肆无忌惮、大张旗鼓，是光天化日之下的偷窃。令乔治更为伤心的是这个仿制品店店主是戈雅——父亲以前的好朋友。尽管这个店铺现由戈雅的儿子在打理，但不论是谁，这种明目张胆的剽窃行为都让乔治感到忍无可忍。

乔治立即向父亲报告了这件事情，显然路易也非常愤怒，路易认为自己再也不能对仿制品熟视无睹了。他们找到了戈雅，要求他立即停止这种偷窃行为。戈雅的儿子却辩解说，这种款式的箱子很多行李箱制造师都在制作，说不清到底是谁仿制谁，而且自1865年以来，他们店铺就已经开始销售这款行李箱了。最后，对方还暗示道，当1872年路易·威登开始出售这种箱子时，他们已经在考虑要不要放弃这一款式。言外之意，这款箱子是他们原创的，是路易·威登盗版了他们的款式，这让乔治大发雷霆。

于是，乔治咨询了一位著名的律师，律师一语道破了其中的症结：原来，由于当年资金有限，路易没有让一位专业的工程师在技术证书文件上详细地描述他的新产品，只是简简单单地写了"条纹帆布"这几个字。如果一定要打官司，这场官司也很难打赢，弄不好还会糟蹋了路易·威登的名气。人们会说"巴黎第一大箱包制造商路易·威登的产品原来是仿制品"，这样的事情捅到了媒体上，人们会作何感想？在这样的情况下，乔治只好放弃了诉诸法律的想法。当然，路易和乔治不准备继续销售这种款式的箱包了。

这件事情给路易的刺激非常大，他甚至要放弃条纹帆布。他要推出新款在博览会上展示，发明新款一点都不让路易担心，思索、想象、革新是他最喜欢的。他不无幽默地对乔治说，这次的商标一定要详细准确地注册。然后，他拿出本子，投入设计，这件事也给了他一个很好的理由继续工作。

面对反仿制品失败的现实，路易选择了沉默，并计划完全放弃旧有的线条。他画出了新款帆布图案的一个草图，他在米色的底上画出了一些巧克力方块儿，线条感非常时尚，与以前的样式截然不同，新的帆布被称为"棋盘式帆布"。这一次，路易确信没有人能仿制，戈雅不能，其他人更不能。

　　1888年8月，距离博览会不到一年，乔治负责让人起草新款帆布样式的制作和图案的描述文件。乔治要让这次设计的新商标"按规定在所有可能的保证下注册"，乔治向父亲路易解释说，商品保护专业人士建议，我们应该在帆布图案其中一个格子里加上公司的名字——威登，这样有利于限制产品仿制。

　　路易对此显得相当谨慎，他问儿子这样做是否有必要，顾客对此会反感吗？加上威登的标志不太高雅了吧，公司的名字和图案能匹配？乔治对此一一给予了肯定，并且坚持在各处都要印上"威登"的标志。

　　路易被说服了，但是他认为应该写上"路易·威登"，而不是"威登"。对此，乔治非常反对，可路易有他自己的打算。如果只把"威登"写上去，到底是乔治·威登还是路易·威登，不明确。老父亲路易十分珍视自己的名誉，即便对于儿子他也不肯让步。在儿子的百般劝说下，路易妥协了，最后确定为"注册商标：L.威登"。

　　乔治把他与路易商量后拟定的专利证书草稿送给专业人士，他们认为没有任何问题。然后，乔治在空白处写下了"专利人：乔治·威登"，并在文本中详细写明"以乔治的名义，专属于乔治"。下面是具体的操作工艺，他证明："手工制作图案可用于帆布或者其他织物，外贴在旅游用品的隔板上，由威登先生发明。"

"威登先生"这一称呼又是模棱两可，发明人的具体名字没有被注明。虽然是路易·威登，但是很容易让人联想到发明者是乔治·威登，因为乔治的名字多次出现在文件中，而路易却没有。

按注册商标纺制的新帆布卷送到了制作坊，但是，名字里的L几乎看不出来，让人容易读成"威登注册商标"。这是乔治让父亲渐渐归隐的一个手段？我们不知道路易的反应如何，威登公司的历史已经由乔治撰写。

第四节　商人的节奏

> 对一个适度工作的人而言，快乐来自于工作，有如花朵结果前拥有彩色的花瓣。
> ——约翰·拉斯金

1888年，在伦敦的店铺开业3年之后，乔治的生活节奏简直可以和21世纪的商界人士相比较。我们在他的儿子卡斯顿的记录中可以了解到："为了节省旅途时间，乔治总是乘坐夜班火车离开巴黎，再乘坐晚上航行的破旧的船，如'北方之星'，早上到达伦敦，晚上又启程返回。他会度过两个不眠之夜，但是这不算什么。"

"北方之星"自1862年开始航行，船上的设施很破旧，乔治一晚都合不上眼，他总是筋疲力尽地到达伦敦，而那边等待他的又是无数的难题。营业额不够，店面太小难以招揽客人，橱窗也很狭窄，行李展示根本没办法起到作用。很明显，路易当初的考虑是正确的，乔治的首选太糟糕。但是哪儿还有时间去寻找新的店址呢？约瑟芬已经不在伦敦帮忙了。她带着卡斯顿回到了阿尼埃尔，因为她怀孕了，从外形上看，她像是有了双胞胎。

　　1888年的这个冬天，乔治一个人在伦敦度过。英国人为了让他泄气做了所有能做的事情。一天，乔治透过橱窗看到街上有一队奇怪的行人，从店中跑出来的他简直不敢相信自己的眼睛：一些行李箱正从街上大摇大摆地走过。这是一个英国同行为了做广告想出来的办法，他让几个人钻到行李箱中只露出头和腿，在街上招摇走过。这支队伍吸引了很多好奇的行人，每个人都试图靠近这支默不作声的队伍，想从行李箱上看清这个有创造才能的制造商的名字。乔治自问，这些英国人是怎么想出这样一个点子的？他可没有这样的想象力！这些同行们的下一个新花样又是什么？

　　在巴黎，临近开幕的博览会让乔治无暇顾及英国的麻烦。春天百货比巴黎大街还早地用上了电灯，1881年的大火带来的惨痛还让人记忆犹新，这一次的安全措施做得很细密。旅店住满了满怀购物热情的客人，为了接待订货，斯克里布街上的店每天要开12个小时。商家陷入两难，该照顾谁多一点呢？

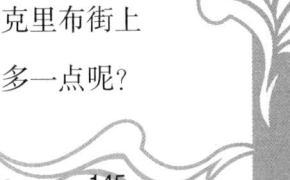

是赢得一位新客人呢,还是一位应该享有优先权的老客人呢?

乔治在两者之间应付自如,他知道这个时期的工作量应该加倍。客人利用他们在巴黎短暂的停留时间,来修理松掉的背带和拉手或是换一把锁。他们经常会决定购买一款新的行李箱。他们当然还希望离开时就能带上他们的新行李箱,所以生产必须要跟得上。

第五节　世博情结

> 最可怕的敌人,就是没有坚强的信念。
>
> ——罗曼·罗兰

勒阿弗尔国际航海展览会给身体状况越来越差的路易带来了一点喜悦。在乔治的帮助下,他亲自准备展台。他要在风俗、科技和材质上有最好的展现。路易以专业的角度发现裙子的腰部曲线和外形因腰垫有了改善,这种腰垫就是装满鬃毛和羽毛的放于腰部的垫子。他因此预见到行李箱的底架要更深,以适于裙装的摆放和搬运。

乔治带着父亲参观了左岸停靠的横渡大西洋的客轮,船侧面挂着标有客轮航线和主要停留港口的地图。父亲和儿子看着这个海上庞然大物激动不已,这个新的海上宫殿将载着他们的行李巡游世界。

在当时的商业环境里，能够使企业打响知名度的重要途径是参加一些大型的展览。路易·威登对这种看法非常认同，几乎每展必到。

1889年的巴黎世博会是19世纪末期最大的一次盛会，这次博览会展出了第二次工业革命的重要成果，电报、电话、传声器、远洋客轮等发明拉近了世界各地的距离。埃菲尔铁塔与第二次工业革命为巴黎招来了将近3200万名观光客，博览会展区人来人往、络绎不绝。

路易·威登为这次博览会做的准备也是史无前例的，例如他在广告宣传上投入了巨资。为了让他们的展品在展览中脱颖而出，路易和乔治破天荒地使用了供参观者乘坐的小火车。小火车从奥赛站台出发，沿着苏弗朗大街一直到展厅广场的尽头，全长3公里。虽然花费不菲，但看着小火车载着世界各地的人们驶入路易·威登的展厅时，路易和乔治还是非常高兴的。小火车的使用，使路易·威登成为媒体竞相追捧的对象，这无疑给路易·威登做了广告。

在个性十足的路易·威登的展厅中，乔治向参观者展出了路易·威登的各种产品：有旅游和宿营用品、行李箱、行李床、探险用品等。其中有几款箱包值得提上一句——一款是"抽屉式行李箱"，这种箱子适合没有仆人在身边、需要自己弯腰打理箱子的旅行者使用。这一箱子的出现，预示了贵族的没落以及中产者的兴起，因为当时只有贵族才有条件雇用仆

人，同时也说明了路易·威登的产品总是能把握时代诉求，满足时代的需要。另一款是带有滑槽门的行李箱。这款箱子是路易在1886年设计的，它用易拉易伸的抽屉划分了箱子的内部空间，使空间的使用更加合理。同时还有一些专用行李箱，比如一款专放毛皮大衣的行李箱内有双层樟树木——这是一种天然防蛀剂，关合处的密封性可以让毛皮大衣免遭蛀虫侵蚀。还有专放宫廷衣装、舞会服装的行李箱，诸如此类，令人目不暇接。

乔治还向富有的女性参观者展示了阳伞行李箱，随时都可以订货。他还向她们推荐"帽子行李箱"，可以放一顶或好几顶帽子在里面。他向客人解释："1828年的蘑菇状帽子纸箱不适于现代帽子的多种款式——或小或大，或高或矮，或软或硬，或是草帽、纤维的、织物的、毡子的，配有缎带、花边、天鹅绒、鲜花的，或是羽毛的。"他强调，"女士们需要的是轻便、简单、快速、实用的办法，帽子放进去，一点也不用担心到达目的地后有损坏。"博览会开幕一个半月之后，参观者越来越多，每天的收益也越来越好。

在这次展览会中，乔治代替父亲成为主角。他策划展厅的布置，参加各种领奖晚会，招呼来往的客人，并向富有的女性参观者们展示"阳伞行李箱""帽子行李箱"等路易·威登的各种产品，获得了女性消费者的青睐。

1889年10月，在博览会的奖励仪式上，路易·威登公司生产的手提箱在最大限度减轻重量的同时，在抗挤压和碰撞的耐性上也表现得非常好，路易·威登的产品因为设计独特、制作精良、质量高档而被授予了金奖，这是路易·威登有史以来最大的成功。同时，路易·威登在这一天还因所发明的衣柜行李箱而获得了大奖。展览会的成功，暂时把乔治与父亲的分歧掩盖了过去，但父子俩的矛盾与代沟依然存在。

由于在博览会中的付出，乔治把这次功劳都归为自己，对父亲设计的功劳只字不提。

在展览会期间，约瑟芬为乔治产下了一对双胞胎——让·阿尔芒和皮埃尔，可谓双喜临门。但是，令路易吃惊的是，乔治完全忘记了家族传承，刚出生的两个男孩没有一个叫做路易，这又一次印证了乔治与路易之间存在的矛盾。

Louis Vuitton

第九章　矛盾中绚丽前行

■ 第一节　一场名字的战争
■ 第二节　身份识别锁
■ 第三节　箱柜创新
■ 第四节　乔治的美国梦
■ 第五节　员工保障

Louis Vuitton

第一节　一场名字的战争

> 名字有什么关系？把玫瑰花叫做别的名称，它还是照样芳香。
>
> ——莎士比亚

　　路易·威登一直关注着殖民运动，这对他来说是非常有价值的信息。15年来他的行李床让探险家们尤其钟爱。根据乔治记载的家族历史，行李床是1875年为探险家布拉扎发明的。实际上，在布拉扎下订单之前，市场上已经有了这个行李床的样式。

　　乔治在他的日记里含糊地提到有一家比利时公司可能注册过这个样式。没有更多的解释，难道是因为疏忽，路易·威登公司在设计完这一著名款式后，任由竞争对手使用？卡斯顿·路易·威登在谈论客人的日记中，以写轶事的方式写道："这款床是祖父在1865年制造的。床可以折叠在行李箱中，特别实用，但是祖父忽略了它的注册，导致它被大量仿制，在刚果广为使用，还变成了'比利时床'，在布鲁塞尔的博物馆里，行李床就被如此称呼。"

　　其他的一些文字资料更详细地谈到了这个床的历史。第

第九章　矛盾中绚丽前行

一款样式看起来像是路易1868年以一个稍小的尺寸为军队制造的。7年之后的1875年，布拉扎向阿尼埃尔下了订单，这样一款床仅仅是为探险家而发明的？实际上是路易把以前做的行李床的尺寸加大了而已。这款行李床被隐藏了10年，直至接到布拉扎这种让路易·威登感到骄傲的客人的订单后才又重见天日。

1885年1月19日，第一款样式的行李床发明10年后，乔治意识到父亲注册的专利证书没有任何有效性，布料和样式不断地被仿制，他在发明专利商贸部申请了一款"可拆卸的行李床"15年的发明专利权。他利用父亲对他的信任和从不读有关资料的习惯，使自己拥有了某些发明。他是这样陈述专利的："我（而不是路易·威登公司）通过陈述如下行李床的制作原理，申请该产品的专利证书。"这样他拥有了路易最著名的发明之一，一场有关名字的战争开始了。

乔治不能再忍受父亲的控制了，他要做一切可能做的事，以摆脱父亲，儿子的商业天分已经不能再容忍父亲的工业天分。从这时候起，乔治撰写的申报专利的文字变得让人半信半疑。

第二节　身份识别锁

> 提高不是一条笔挺的路，而是螺旋形的路径，时而前进，时而折回，停滞后又前进。有失有得，有付出也有收获。
>
> ——奥古斯汀

在路易·威登的品牌发展历史上，仿制品和水货一直伴随其左右，它们抢夺着市场份额。每次路易一推出新款式，就会立即被仿制。尽管公司不会因此被打垮，但是他要想出办法让专利产品无法被模仿。路易列出了各公司的资产负债表，此时的路易意识到公司未来的发展还要依赖于专利产品。

针对仿制品的势不可遏，路易·威登采取的策略有两种：一是不断在产品款式上推陈出新；二是改进产品设计，使产品更加精致化。既然没有办法阻止款式被仿制，那就应该从机械原理入手，也就是在行李锁上动脑筋，于是，路易开始研制保险锁以保证这些富有客人的财物。

当乔治在伦敦致力于树立品牌和推广产品时，路易则专注于一个计划：改制行李箱的锁，让它不能被侵犯和模仿。他整日研究各种类型的行李箱锁，走访一家又一家的供货商，寻找最精巧的锁。路易的手非常巧，在业界一向被看作出色的制锁艺人。在马歇尔作坊当学徒工的时候，他就制作过箱子的锁；另外，路易也不满意从供货商那里买来的配件，他要自己构思行李开关系统。他冥思苦想，后来有一件事改变了他的计划，让他眼前一亮：一个工业家发明了四轮的电动车。他的发动机运转首先靠的是燃气，然后是石油。机动车的时代到来了！路易立即想到他的公司应该抓住这次机会，开发一些与之相适合的行李箱，甚至还有必要制作一些相应的配件和汽车坐垫，于是，路易立即着手设计。

1886年，各种各样类型的锁被使用于行李箱的开关和行李箱的制造中，尤其是路易设计的特殊行李箱锁——它是由一把锁和代替了两把锁的两个弹簧扣组成的，仅盖子的开合处就有三道保险。乔治解释道："特别之处在于开合处的弹簧，这是一种新的手法，新的技术。"路易·威登第一次将这种锁运用到箱包制作中。路易·威登开发的锁非常精致，据说有几十道工序，很难被仿制。

尽管相信"花些精力，坚持下去，成功总是会报答努力者的"，但是乔治依旧很担心。巴黎的路易·威登店总是要不停地支付伦敦的各种费用。英国制造商很少有专门服务于旅客的专卖店，即使是在贵族们经常光顾的最豪华的哈罗德商场，也还没有开设专门的旅游用品部，而在伦敦，乔治的主要任务就是吸引贵族和特权人物们的造访。

这期间，美国变成了行李箱和旅行用品的主要生产国。实

际上是因为海关条约、各种禁令、运输费用阻止了进口。旅游工业先是集中落脚在新泽西，后来分布在全美国。300人至400人的工厂很多，美国制造商们不满足于本土市场，他们把产品出口到南美和加拿大。乔治梦想着占领美国市场，但是他还不敢对父亲说。

路易正着手准备参加庆祝法国革命100周年的世界博览会，路易被点名成为博览会录取和布置委员会的成员。1887年，博览会在三月广场、荣军院广场、夏约山和塞纳河的两岸举办，巴黎因此大兴土木。

1889年的世界博览会汇聚了众多的贵族富商，路易·威登吸引了很多富有的英国人。乔治因此也有了更多的信心，并在家族史中以第三人称写道："从博览会和伦敦归来后，作为公司唯一的管理者，他又重新投入到了工作中，生产带有他姓名的锁，并且成功推出。"乔治没有提及父亲在研发上的贡献，而是提高了自己的分量。1887年发明的锁还不是威登父子理想中的锁，因此，儿子在1890年又组合开发出一种新锁，并署上了自己的名字。

1890年，阿尼埃尔工厂在路易的严格管理下生产出了一种革新性的锁。它有5个不同尺寸的金属片插在小的钢板盒中。路易在原先的3个卡舌的基础上又加上了2个卡舌，开箱密码数位也有了增加，箱子因此变得更安全。路易为每个行李箱配有一个特别、也是唯一的开箱密码。每一把锁都有一个编号，以保留副本为再制造它的开锁钥匙做准备。每一个客人都可以用

路易·威登的传奇

一把钥匙开启自己所有的行李箱,旅途中不必再带着一大串钥匙,也不必为找不到对应的钥匙而烦恼。路易还为每把钥匙都配置了一个独立的出厂编号,每个编号都具有唯一性,绝无重复。同时,每个编号都记录在一张卡片上,卡片一式两份,一份归买方所有,另一份则保留在路易·威登公司,如果箱子丢失后重新找回以便顾客申领钥匙。这种实行客户身份记录的行李箱受到了人们的欢迎,并且很快就经受了考验。几年以后,这种客人身份记录的辨认方法变成了很好的商业手段。

路易在1890年研发的这种具有身份识别特点的锁,不是在阿尼埃尔工厂里制造出来的,而是委托巴黎专业的制锁商制造的。它经受住了挑剔的客户及专业人士的考验。

1890年9月,一个地位显赫的游客在巴黎某酒店里遭到了偷窃,窃贼花了两个多小时都没有打开箱子,无奈只好放弃赃物仓皇而逃。类似的事情也发生在纽约,1891年英国一个游客遭到盗窃,这一次,小偷用尽了剪子、小刀、钳子等所有工具,还是不能动路易·威登的行李箱分毫。后来连全城最好的开锁工也宣称无法打开这样的锁。

乔治一直都在声明他是这把锁的发明人,虽然没有确实证据能证明是谁发明的,但更多的事实让人觉得,这种锁应该是路易发明的。首先路易一直在巴黎,而乔治经常在伦敦;其次,路易是技师、锁工,而乔治不是;再次,路易在此3年前还发明过另一种锁;最后,路易心灵手巧,制锁经验丰富。路易有科技革新的头脑,而乔治有商业天分。如果要问这个家族的成员中是谁发明了这个5片卡舌锁，人们的答案肯定是路易。

亨利·路易·威登毕生都在威登公司工作，他对乔治也有着无限的敬仰，他说过路易制作了"这个放于小钢板盒中的5个不同尺寸的金属片装置"。只有在家族纪事中，乔治的儿子卡斯顿记录下是他的父亲发明了这把锁。事实上，他只是在给父亲编造证明。这个家族里的小故事让人看到乔治为拥有路易·威登的荣誉展开了一场无声的战斗。

1890年，乔治依旧忙于伦敦的生意。新的店址面对火车站，这为路易·威登店带来了更多感兴趣的客人，和他父亲预言的一样，但是这对店里的营业额和利润额并没有多少帮助。每天晚上乔治都逃避到书本里暂时忘却烦心事。

第三节　箱柜创新

> 对于一个艺术家来说，如果能够打破常规，完全自由进行创作，其成绩往往会是惊人的。
>
> ——卓别林

路易一直都是位意志坚强、兢兢业业的商人，虽然年近70

仍经常在厂房间穿梭，监督制作工艺，尤其是为特别客户制作的产品。儿子不在巴黎，他继续对斯克里布街上的专卖店进行日常管理。他还打算重新设计行李箱中的内部格局，兼具时尚性和科技性，而这两个方面的变化常常是日新月异的。路易一直和沃斯保持着很好的关系，路易·威登听说，裙子将变得越来越轻、越来越薄，还配以极薄的纱绸、花边，让人很容易联想到睡衣，柔软而轻薄。行李师认为，将来更多的衣服都会放在一个行李箱中。服装的变化总是会影响到行李箱的变革，而箱柜的发展将会再次迎合服装潮流。

路易·威登制作的衣架上的壁橱很适合装越来越轻的洗浴用品。当路易·威登还在马歇尔店里工作的时候，经常会有人驱车送他去整理宫廷出行所需的服饰，因为他能让服饰在行李箱中挂着不掉，即使到目的地后也不会有褶痕。

1890年，创新皮具公司——美国公司，先是在美国，然后在欧洲推出了新式箱柜。大西洋两岸富有的游客很喜欢它的方便实用性。在法国，路易推出了自己的箱柜，也获得了极大的成功，尤其是135厘米高的"衣橱"，如果去掉抽屉，它可以容纳25件裙装并且不会产生褶皱。

为了满足美国公司的需要，路易·威登公司还推出了尺寸较小些的"115"（高115厘米的衣橱）。一段时间过后，乔治·威登得知此款行李箱有一个1856年的奥地利专利证书，乔治不无讽刺地说这个时期"到处都是专利申请人，每个人都向华盛顿提出申请，当然丝毫不担心被接受或是拒绝，专利办公室的工作人员也一次次惊讶地发现同样内容的专利申请!"

第四节　乔治的美国梦

> 一个人要实现自己的梦想,最重要的是要具备以下两个条件:勇气和行动。
>
> ——俞敏洪

路易对世纪之交产生的各种新事物都很感兴趣,并赞叹于这个世界的惊奇变化。当初,路易离开汝拉山脉的故乡,花了两年时间徒步来到巴黎;如今,他要亲眼目睹最初的飞行试验。

1890年10月9日,路易得知在格雷兹·阿尔曼维尔的城堡花园中,一段让人难以置信的实验已经展开。经过7年的研究,在蝙蝠一样的飞行器上,配上竹子螺旋桨和蒸汽马达,法国人克雷芒·阿代尔终于成功地飞离地面15厘米,飞行了50米的距离。

听到这些创举,就像刚刚有了铁路时一样,路易打算设计出适合这个新的交通方式的行李箱。这个行李箱要能固定在飞机上,用于装备飞行员的衣物。当路易开始构思设计的时候,乔治已经开始考虑怎样把它卖出去了,乔治是法国首批觊觎美国市场的商人之一。

1889年世界博览会在巴黎召开之际，乔治碰到的客人让他隐约看到了美国的强大实力。在伦敦的店中，他接待过一些乘坐豪华邮轮来自大西洋彼岸的旅行者，他们来欧洲的目的只有一个——购物。如果说这个新的世界不乏旅游用品制造商，那么这些制造商中没有一个在产品质量方面可以和路易·威登齐名。美国东海岸的那些公司出售的行李箱耐用性都很好，而在完美性和使用的材料方面，他们都无法和路易·威登的公司相比。美国人花钱慷慨大方，乔治决定在这个新大陆上探索一番，并找到属于自己的宝藏。他这样描述这个时期："法国工业家在国外开设分公司销售法国产品的太少了，也没有多少人称赞他们的开创精神。"或者这是一种自我认可的艺术。

然而，这还不是一个穿越大西洋的合适时机。1890年，疯狂的证券投机给美国带来的震动丝毫不亚于银行丑闻和巴拿马运河工程：货币的贬值引发了闭关的举措，贸易保护政策让欧洲比美国受害更深，美国人受益于广阔的国内市场，还发展了大规模的钢铁制造业以支持海洋企业和铁路业。另外，他们还拥有富饶的原材料和矿藏资源，比如石油。相比之下，欧洲国家没有足够大的国内市场，贸易保护政策只会让国家瘫痪。欧洲丧失了对世界的统治，在殖民战争和虚无主义的侵害中，欧洲也耗尽了精力，甚至有一些国家在计划着社会主义革命。

乔治精神百倍地登陆美国市场。在热衷于销售路易·威登产品的美国旅行用品商店的推动下，乔治在美国设立了代理销售网，他像探险家一样开始涉足美国。

第五节　员工保障

> 激励是调动人们的积极性、创造性的一种好方法，激励在管理活动中具有积极的意义。对群体人员的激励是提高群体活动效率的根本前提。
>
> ——比尔·盖茨

路易·威登从一个工人开始创业，自己在做工人的时候，作坊主对待自己就像亲生儿子一样，因此，他当老板后，也这样对待自己的工人。

在阿尼埃尔，路易考虑到1887年国际博览会的订单，提前开始了生产。最让他担心的就是不正直的工人的剽窃，路易虽然已经不是真正的老板，但他还是很担心这点。在不损害利益的条件下，他尽量付给工人高的薪酬，以保证他们不会带着他的技术离开公司。他安置他的行李工、赶车工和小盒子制造工住在他买的公寓里，这些公寓位于阿让特伊街67号和巴黎人大街10号。路易还在自己的地上建了一幢房子，安置行李打包工。他还在彗星街10号买了一块地盖房，以便让工人们居住。

每逢工人们洗礼和结婚时，他们总是会收到一个装有贺金的信封，路易·威登甚至想像阿里斯提得·布锡考特那样设立互助基金。

1891年11月1日，路易·威登公司首创了一种互助方式：如果有工人病了，那么每周将有一份来自工人自己的和公司老板的集资。1890年到1891年期间，一些老工人向威登先生请求，希望老板能让大家定期地留出一小部分薪水作为援助资金。威登对这个想法很赞同，于是集合了工人，向他们建议建立有限公司，每人出一点资。1891年11月14日他的方案经过讨论成立了互助基金会，基金会的40个成员中有4位女性。入会费是每人1法郎，入会后，每个成员在生病期间每天可以收到2法郎，外加医药费，而且入会是自愿的。

乔治把建立这一措施的功劳归到自己头上，然而，据他的孙子亨利·路易·威登说，这项在当时非常特别的文件是乔治和路易共同签署的。我们在之后会明白为什么亨利认为它非常重要，但是很可能是路易起草的这份当时还很少有公司采用的互助和退休福利措施。

乔治自己在家族史里以第三人称写道："他本人创建了退休和救助基金，这种做法将被很多工业家采纳，因为其中涉及到一些公司普遍存在的问题，在不需要国家援助的情况下也可以完全解决。"他还补充说："其中的很多措施在今后也构成了社会保险的法律框架。"

Louis Vuitton

第十章 迈向新领域的乔治时代

- ■ 第一节　路易的遗嘱
- ■ 第二节　世界最著名的图案诞生
- ■ 第三节　精益求精的新工艺
- ■ 第四节　国外市场的艰难爬行
- ■ 第五节　家族的荣耀

Louis Vuitton

第一节　路易的遗嘱

> 我们最轻易不吝惜的是时间，而我们最应该担心的也是时间；如果没有时间的话，我们在世界上什么也不能做。
>
> ——威廉·彭

1891年，当互助基金开始启动的时候，路易本人的身体越来越差，他几乎不能外出。路易开始着手编写阿尼埃尔制作的所有商品的详细目录，这一意义重大的创举成了家族历史的转折点，他希望把他生命中所有创造过的东西都收集起来。这不仅仅是一本目录，还是一份遗嘱，更是路易以自己的署名对未来的一份声明，这个磨坊主的儿子有着记载历史的天赋。

考虑到这本目录带来的商业利益，乔治非常赞同父亲，但是他没有马上注意到这份署名的资料将禁止他今后得到路易的所有发明。两年前，在1889年的世界博览会上，路易已经注意到了各种编录产品的目录，它让工业和商业的力量在全球大放异彩。此后，它还成为各大商场的对外"橱窗"，商场请来著名的画家为封面配上插图。

乔治把它用作销售名录，这对路易来说，只是次要的。路易并不是要用它招揽顾客，对路易来说，将行李箱和手提箱呈现出来不是那么重要，重要的是，它是一份所有发明的完整清单。

对于一个老人来说，路易已经到了一个回忆过去、反省过去的时候。他回忆到童年的生活，回忆中出现的自己不再是一张孩子的脸，而是一位风度优雅的绅士，是服务于王公贵族的奢侈品牌公司的建立者。他想到自己奔赴巴黎的征程、马歇尔先生、一起做学徒的伙伴，想到在草垫上度过的夜晚、他的第一本工人手册、曾经制作的各种行李箱，想到他曾经的老板对他的信任、皇后阔绰的打包排场，想到和艾美丽的相识、她的微笑、她不断的支持和他们在卡普西努大街的第一间店面，想到作坊里木头的味道、第一件平顶行李箱和灰色帆布行李箱的成功。

他还自豪地想到全玻璃的阿尼埃尔工厂的创建，通透而现代。想到自己所获得的成功，想到一件又一件的行李箱，想到一个又一个博览会。他想到自己的3个女儿，想到他的儿子乔治，他唯一的儿子很有勇气和胆量，有销售的天赋，是他的骄傲，但是他心中还有一种挥之不去的孤寂感。

路易很仔细地撰写着发明的每一个细节，没有忽略涉及到的任何技术内容。甚至在法语内容撰写结束前就开始让人翻译成英文。

在其中，路易插放了两个公司的广告，因为这两个公司的客人都是他的潜在客人：第一个插页给了横跨大西洋邮轮公

司，这家公司位于卡普西努大街12号，离斯克里布街非常近的地方，"法国邮轮，每周四从勒阿弗尔到纽约"；最后一页留给了另一家海运公司，"皇家和美国邮轮，每周三从利物浦到纽约"，地址是斯克里布街1号，就在路易·威登店楼上。

路易完成的不仅是一个简单的配有插图的产品手册，他还成功地让他的名字和姓氏留在了每一件行李箱上。每一页上、每一个款式都有路易·威登的名字。未来都在他的控制之下，即使他不在了，开头字母"LV"依旧在那儿替他发言。

没人知道为什么路易·威登在生命中的最后时刻给每一个款式都署上了自己的名字，是担心乔治的控制，还是担心自己的名字会逐渐消失？或许有人建议他签署公证文件的时候署名"威登和小威登"。但是他不喜欢，如果没有路易，那就没有威登品牌。

1892年目录问世，这35页的目录记载了路易一生的事业。4个星期过后，在2月27日的下午4点半，当路易签署完他的遗嘱后，永远闭上了双眼。

1892年3月，一个朴素而雅致的宗教仪式在阿尼埃尔的小教堂举行。有600多人参加了路易的葬礼，他们分别来自巴黎和阿尼埃尔等地，路易的朋友们和仰慕者们聚集在一起陪伴他走完了人生的最后一刻。在沉痛的乐曲声中，布满鲜花的灵车缓缓前往离工厂几条街之外的公墓，工厂的工人抬着两个漂亮的大花圈走在队伍的最前面。在艾美丽安息的墓穴前，灵柩缓缓放下，简朴的墓穴由一块浅色的巨大石头盖上。今天，这个阿尼埃尔的老墓地已经被人遗忘，威登家族后来在不远的地方买了新的墓地，路易和他的后代也被重新安葬。

三天后，在阿尼埃尔日报有关死讯的专栏上，一段很简洁的文字总结了路易·威登的一生："他在议会大街一处广阔的地方构筑了自己的家，后来改建成旅游用品和行李箱制造工厂，他制造的行李箱享誉世界。"

第二节 世界最著名的图案诞生

> 真正的发现之旅不只是为了寻找全新的景色，也为了拥有全新的眼光。
>
> ——马塞尔·普劳斯特

路易去世后，乔治开始全权管理家族事业。路易的历史已经结束，乔治的历史则即将翻开。乔治非常勤奋，每天工作长达18个小时。乔治的理想是要超越父亲，后来的事实证明乔治完全具有这个能力。

1880年公司的营业额是20万法郎，到1892年，路易去世的时候，业绩增长并不大。而到了1911年，在乔治经营将近20年后，公司的营业额翻了10倍，总额达200万法郎。乔治有卓越的商业天赋，更有敏锐的市场直觉，几年之间，他就把公司发

展到了连他父亲想都不敢想的程度。

在路易·威登的发展史上，有一个非常有趣的现象，即路易·威登产品的每一次重大变革，似乎都与仿制品的刺激有着密切的关系。老路易时期就发生了好几次仿制品的盛行，这使他不得不对产品进行革新，而这次，乔治也面临了同样的问题。

1895年，路易的老朋友、服装师沃斯也去世了，因为仿制品的事，乔治没有出席葬礼。

当时，乔治遇到了一件烦心事——父亲绘制的以为绝难被仿制的棋盘图案帆布终于被仿制了。与路易走创意途径的方法不同，乔治决定走法律途径，起诉仿制者。然而令乔治尴尬的是，对方竟在法庭当场出示了这款帆布制造商的登记记录，证明这一专利是他们先于乔治申请的，路易·威登竟然成了仿制者。

乔治铩羽而归，感觉受到了奇耻大辱。为了品牌的名誉，乔治只好放弃上诉。这次耻辱同样也激起了乔治的创新意识，他打算创造一种新的图案，不再采用由条纹或者方块构成的容易仿制的几何图案。继乔治之后继续撰写公司发展历史的卡斯顿回忆说："与其陷入诉讼的泥潭，不如重新设计，出其不意的创作欲望促使父亲马上着手寻找一种全新的有自己特色的帆布图案。"

1896年，一种全新的帆布图案在乔治手中诞生了。这是一个Monogramme（法语：花押字）组合图案，混合了星形、菱

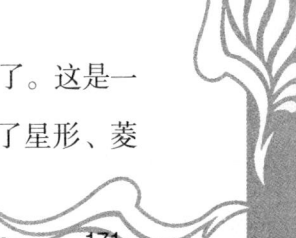

形、圆形等图案，与父亲姓名的头两个字母交织而成。乔治认为把制作商的名字缩写并印在产品上是打击仿制的最好办法，哪个公司哪个人会把"LV"这两个字母也明目张胆地仿制上去呢？但是，恰好就有这样的人出现，后来竟然也真有一家叫做胜利行李箱的公司推出了带有"LV"字样的Monogramme组合图案，在乔治的诉讼逼迫下，才退出了市场。

乔治将他新创造的图案命名为"LV帆布"。自从父亲路易去世后，乔治一直在试图摆脱父亲对他的影响，但是，这次他却没有把新帆布叫做"GV帆布"。这反映了乔治的成熟，他认为：毕竟路易·威登的品牌才是深入人心的，跟那种虚无缥缈的设计权相比，生财是最重要的，路易·威登的影响力实在无可取代。

这种帆布图案成了日后LV最为经典的图案，享誉全球长达一个多世纪。但可惜的是，乔治并没有留下任何有关它创意来源的文字。这引起了后人的好奇，乔治是怎么研制出这种图案的呢？有人认为，这种图案是集体创意的结果，"1896年，乔治研创了这种图案，和画家、织布工人一起把它制作出来"。也有人认为，这种图案的创意来源于日本的东方文化，因为乔治在此期间曾对日本工艺与艺术产生过强烈的好奇。还有人认为，乔治只是很简单地没有任何创意地挪用了阿尼埃尔家中厨房装饰墙面上的瓷砖图案，就像后来"达达主义"的艺术家们在随意翻了字典，看到"dada"这个单词就用在了他们的流派名称当中一样，实在是令人啼笑皆非。

但是如果看过了乔治家的厨房瓷砖，这种猜测就令人信服了。瓷砖的图案是四角星状曲线中有一个圆圈，加上一些有四片花瓣的圆，颜色是赭色——几乎与路易·威登公司的Monogramme图案一模一样。一片瓷砖成就了世界上最经典的品牌？也许，这就是为什么乔治对自己的得意之作只字不提的原因。但这也只是猜测。

带有"LV"字母的Monogramme图案是乔治为了挫败仿制者而发明的，并声称这是最难仿制的图案。但是，这个图案在一个世纪后几乎成为全球被仿制得最多的图案，这是乔治在发明之初始料未及的。

第三节　精益求精的新工艺

> 我宁愿在光天化日之下凭着我短绌的天资到处碰壁，也不肯在黑暗中凭着谨小慎微使自己得救或者发财。
>
> ——拉美特里

1897年1月11日，乔治给他的"LV帆布"注册了专利号。这种双色亚麻布既坚韧又柔软，不容易粘在一起。乔治的儿子——年轻的卡斯顿·路易·威登，14岁的时候就来到工厂实习，他很仔细地研究了工人们遇到的问题，行李箱体应该用带齿的刨子刮出条痕以加强黏合力。黏合用的胶是用面粉和黑麦面做成，由粘贴工用大的圆刷涂抹在行李箱的表面，刷子很坚硬，涂起来很困难。胶很重也很黏，女工们搅起来手腕会很累，使用起来更是艰难。

卡斯顿说："在一个平面上，工人们要撑开帆布，并保持直角，然后在上面盖上一块纸板，用橄榄状的小刀将帆布刮平整。晒上两天后，箱子粘上皮革，缝上线。绝对禁止用手指触摸，否则会留下擦不掉的痕迹，再晒两天，就可以上釉了。釉可以防潮防水，并保持坚硬和光亮。"

此时，公司又遇到了另一个难题。黑麦面制成的胶散发的味道招来了老鼠。"当行李箱可以售卖的时候，我们时不时会发现箱子表面的帆布已经被扯破。这样的状况有了几次之后，我开始注意到黑麦面制成的胶在干了以后会散发出一种味道，这种味道会招来老鼠，有一些库房甚至满是老鼠。"公司需要找出另一种胶来代替，要尽可能地在1900年巴黎博览会之前找到。工厂为此调试了各种各样的材料制成的胶，如鱼刺、骨头等，并试用了各种使老鼠远离的办法。功夫不负有心人，他们终于摆脱了鼠害困扰。但是，开始时的销售并不尽如人意。"客人们犹豫不决，很多人最后还是选择棋盘图案帆布和条纹布的行李箱。既然客人有需求，我们也就依旧生产这类款式的行李箱。"卡斯顿说道。但是乔治继续把Monogramme组合图案运用到不同颜色的帆布上，坚持不向客人让步。卡斯顿写

道:"我的父亲很固执,就像他的父亲当初坚持推出平顶行李箱一样,父亲执着于他发明的帆布。"乔治渴望成功。

自从路易死后,乔治独自奋战。他不仅开发了新款帆布图案,将它用在行李箱上,让客人逐渐接受,而且重新组织、调整阿尼埃尔工厂的生产,准备参加1893年芝加哥博览会(这也是乔治的第一次美国之旅)和1894年安特卫普博览会。

第四节　国外市场的艰难爬行

> 每个人皆有连自己都不清晰的潜伏能力。不管是谁,在千钧一发之际,往往能解决从前以为极不可能解决的事。
>
> ——戴尔·卡内基

到了19世纪末,法国的商业有了新的转折,自1880年开始,创新的杂货商店很受欢迎。继慕尼黑、米兰之后,伦敦的哈罗德也开设了食品货架,管理合同在这个时期出现了。

1898年4月,乔治·威登在美国开设了行李箱经销点。1893年的芝加哥博览会之行促进了乔治的美国商业计划,作为唯一的旅游用品参展商,他在展台前售卖所有的产品,但因为海关关税的原因,路易·威登产品的价格是竞争对手的两倍。

乔治委托在芝加哥遇到的一位高级旅游用品店店主约翰·瓦拿梅加在纽约和费城代卖自己的行李箱。两人1898年4月定下了合同，合同包括在奥马哈和密西西比的国际博览会上展示这一法国品牌，约翰在此博览会上带走了一枚金奖。

产品在新大陆很快获得了成功，乔治非常高兴："因为昂贵的关税，行李箱的售价是巴黎的两倍，但是还是吸引了很多客人。路易·威登公司为巴黎那些迟疑着是否在国外开辟市场的商家们做了一个榜样，威登的例子非常特别，因为奢侈旅游用品的出口，路易·威登公司是唯一一家。"

接下来的一年，约翰又代理了另一家法国公司的业务——戈雅行李箱公司。乔治非常震惊，因为竞争对手的行李箱就在他的行李箱旁边同时售卖，同一个代理人，简直难以置信。他非常生气，因为美国市场对他来说本来就已经很难征服了，何况，乔治已经被关税、运费压得喘不过气来，因为行李箱的体积也被考虑在内，而且经常超出负担。乔治又遇到了一个难题，美国的旅行用品制造商竟然还声称要加上特别税，不是针对法国行李箱，而是单独针对威登行李箱。

其他的难题也随之而来，英国的销售依旧没有进展。伦敦的路易·威登商店13年来一直是赤字。乔治向政府要求减低运输费用、出口关税，但是商业部长给他的答复是"政府不能为一家公司改变出口费用"。乔治拒绝认输，他要在伦敦取得成功。"英国是欧洲政治和经济的中心，就像心脏相对于人体一样。"英国记者曾写道，"这个国家的财富是众所周知的，它

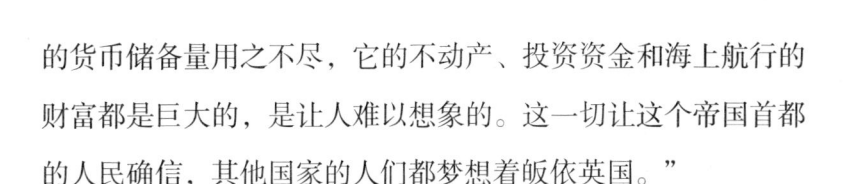

的货币储备量用之不尽，它的不动产、投资资金和海上航行的财富都是巨大的，是让人难以想象的。这一切让这个帝国首都的人民确信，其他国家的人们都梦想着皈依英国。"

1899年，乔治决定搬离火车站附近，将店址迁移到新庞德街，这条街上有很多商家都标明自己是"维多利亚女皇陛下的指定供货商"。路易·威登店在149号安顿下来，它拥有整栋楼，可是成功迟迟没有到来，分公司一直是赤字经营。

不过，乔治写道："伦敦的分公司给公司带来的是殊荣，因为乔治·威登是第一个敢于建立如此充满风险的公司的人，法国工业家在国外销售法国制造物品的人太少了，因为他们勇于拍手称赞的人太少了。"

第五节　家族的荣耀

> 人的一生的景观一直在变化，向前跨进，就看到与初始不同的景观，再上前去，又是另一番新的天气。
>
> ——叔本华

乔治以他自己的方式继续在商界战争，与此同时，他对政治也有了热情。1900年这一年，整个巴黎经历了一场盛事，

同时迎接了新世纪的第一届奥林匹克运动会和世界博览会。乔治·威登在这一届博览会上被任命为露营和旅行用品的评审会委员。但是因为政治原因被商业部否决了。威登公司也一直对商业部长不满，最后还是乔治的同行们促成了乔治以评审专家的身份出席。博览会期间，当商业部长以官方身份走访工业展厅时，乔治和卡斯顿离开了他们的展位，只是为了不和他握手。

这是历届以来参观者最多的一次博览会，参观人数达到了40万人次。在东方帐篷形状的展台下，乔治开始准备回击政府部门——成立露营和皮革业旅游用品商会。这次的博览会给乔治带来了巨大的成功，使得他从1901年开始重新考虑阿尼埃尔工厂的管理和工人的增加问题。工厂工人达到了100人，之后很快达到了125人，1911年这个数字变为200。在乔治开始接手公司事务时，雇员只有25人。20年来，公司的营业额和利润额以同样的比例在增长。

乔治不仅是一位优秀的商人，也是一名革新者。20世纪对乔治来说是一个崭新的世纪，在这个世纪初，乔治忙于给"LV帆布"选择一种防水新材料，一种像皮革一样有涂层的织物。因为没有图案的帆布在制作过程中要使用一种特殊的防水胶状物，乔治立刻看到了这种新产品的好处，之前的帆布在1902年4月被这种防水布取代。它使制作过程更简化，不再用涂胶，不再上釉，尽管价格很高，但是乔治还是采用了这个材料。

竞争对手不再只是模仿图案，他们更想模仿的是路易·威登行李箱的样式和完美工艺，正是这些保证了路易·威登行李箱与众不同的高品质。很多制造商都竭尽全力在款式上尽最大努力地与威登行李箱接近，即使是有保守思想的英国人也在这一方面努力调整他们的生产，在伦敦主要的旅行用品商店的产品中不难发现路易·威登公司的样式。

1936年10月25日，八十高寿的乔治，像往常一样，黄昏时分在工厂里巡视一圈。作为老板，他坚持验证第二天早上要发往香榭丽舍店里的特别订单。从收尾工作、包装到编号他都一一查看，以防疏漏，在向他忠实的打包工微微点头后，老人缓缓地走回家。这是乔治高大的身影最后一次出现在院子里。跨过家中的门槛，满脸倦容的乔治对妻子说晚饭前他要先歇一歇。他蹒跚着一步步跨上台阶，很费劲地爬上楼。晚上8点半，约瑟芬万分悲痛地发现乔治已经离去了。

1940年，路易·威登的第三代掌门人卡斯顿奔波在巴黎、尼斯与维希之间。尼斯分店由乔治于1908年开设，现在成了战争期间威登一家的避难所。

1941年的某一天，亨利一次偶然的机会结识了在维希政府宣传局主管财务的布莱士。经过布莱士的努力，路易·威登公司获得了元帅的半身雕像的生产权。这是一笔很大的订单，他已经好几个月没有接到订单了，当务之急是要让公司的机器再次运转起来。同时，威登公司还负责元帅所有庆典活动的装饰。威登公司成了政府供应商，卡斯顿与亨利在屈塞建立了一

路易·威登的传奇

个加工厂，专门用于生产与贝当元帅相关的物件。作为战乱中的家族企业，威登一家可谓是当时的典型。

在战争期间，维希的店铺主要由亨利负责。由于亨利主导的产品保持路易·威登品牌一贯的设计品位与优异质量，亨利被授予元帅的双刃战奖章。

后来，公司向奢侈品进军。今天的路易·威登以卓越品质、杰出创意和精湛工艺成为时尚旅行艺术的象征、奢侈品的领军品牌。